LA PHILOSOPHIE ROMAINE

D'APRÈS LES POÈTES LATINS

DISSERTATION

PRÉSENTÉE

A LA FACULTÉ DES LETTRES DE L'UNIVERSITÉ DE LAUSANNE

EN JUILLET 1892

PAR

FÉLIX DUCASSE

CANDIDAT AU GRADE DE DOCTEUR ÈS-LETTRES

LAUSANNE
IMPRIMERIE F. REGAMEY, GRAND-SAINT-JEAN, 9
1892

LA PHILOSOPHIE ROMAINE

D'APRÈS LES POÈTES LATINS

LA PHILOSOPHIE ROMAINE

D'APRÈS LES POÈTES LATINS

DISSERTATION

PRÉSENTÉE

A LA FACULTÉ DES LETTRES DE L'UNIVERSITÉ DE LAUSANNE

EN JUILLET 1892

PAR

FÉLIX DUCASSE

CANDIDAT AU GRADE DE DOCTEUR ÈS-LETTRES

LAUSANNE
IMPRIMERIE F. REGAMEY, GRAND SAINT-JEAN,
1892

BIBLIOGRAPHIE

LES POÈTES LATINS. — Éditions et commentaires français, anglais et allemands.

DAREMBERG ET SAGLIO. — Dictionnaire des antiquités grecques et romaines.

CHÉRUEL. — Dictionnaire des antiquités.

AD. FRANCK. — Dictionnaire des sciences philosophiques.

PERROT ET CHIPIEZ. — Histoire de l'art dans l'antiquité (Egypte).

ELISÉE RECLUS. — Nouvelle géographie universelle. T. I.

ERNEST RENAN. — Histoire générale des langues sémitiques, etc.

G. MASPERO. — Histoire ancienne des peuples de l'Orient.

V. COUSIN. — Histoire de la philosophie ancienne.

C. RENOUVIER. — Histoire de la philosophie ancienne.

J. FABRE. — Histoire de la philosophie.

A. LEFÈVRE. — La philosophie.

A. WEBER. — Histoire de la philosophie européenne.

CREUZER. — Symbolique.

FUSTEL DE COULANGES. — La cité antique.

E. ZELLER. — La philosophie des Grecs.

PRELLER. — Mythologie grecque.
    —   Mythologie romaine.

CHAIGNET. — Histoire de la psychologie chez les Grecs.

GARNIER. — De la morale dans l'antiquité.

F. RAVAISSON. — Le scepticisme dans l'antiquité.

A. THAMIN. — Un problème moral dans l'antiquité.

J. MICHELET. — Histoire romaine.

J.-J. Ampère. — L'histoire romaine à Rome.

Niebuhr. — Histoire romaine.

Mommsen. — Histoire romaine.

Marquardt et Mommsen. — Antiquités romaines.

Al. Adam. — Antiquités romaines.

V. Duruy. — Histoire des Romains.

Lange. — Antiquités romaines.

Friedlænder. — Tableaux des mœurs de Rome.

Micali. — Histoire des anciens peuples de l'Italie.

Noel des Vergers. — L'Etrurie et les Etrusques.

Overbeck. — Pompeï, etc.

Roux. — Herculanum et Pompeï.

H. Nissen. — Topographie (Geograph).

Sellar. — Poètes romains de la République.

D. Nisard. — Etude de mœurs et de critique sur les poètes latins de la décadence.

Paul Albert. — Histoire de la littérature romaine.

Const. Martha. — Les moralistes sous l'empire romain (Philosophes et poètes).

— Le poème de Lucrèce.

— Etudes morales sur l'antiquité.

F. Laurent. — Etudes sur l'histoire de l'humanité (Rome).

Plusieurs thèses d'universités d'Europe et d'Amérique.

Travaux divers publiés par la *Revue des Deux-Mondes*, la *Revue philosophique de la France et de l'étranger*, *Revue archéologique*, etc., etc.

INTRODUCTION

Les premières manifestations, les premières productions de la pensée humaine ont été des poésies.
Rythmées ou rimées, alternées ou opposées d'une
manière quelconque, les compositions poétiques
ont précédé toutes les autres formes littéraires ; disons plus : elles les ont ordonnées.

Dans les temps primitifs de l'humanité, aux époques préhistoriques, au-dessus du guerrier protecteur, du cultivateur assidu, du pâtre nomade,
dominait, régnait et gouvernait le personnage encyclopédique qui se présentait à la fois comme prêtre,
comme philosophe, comme physicien, comme chimiste, comme astrologue et comme chanteur.

A ces époques barbares, le nombre de ceux qui
connaissaient, et qui se livraient à des études générales, était tellement restreint qu'ils formaient une

caste, réunissant toutes les connaissances idéales et matérielles, et qu'ils étaient à la fois des prophètes et des poètes.

Prophète et poète! ces deux mots sont synonymes dans la plupart des langues anciennes. On a senti dès le principe que l'idéal ne se livre pas à demi à ses adorateurs; des chênes de Dodone aux lauriers roses de l'Eurotas, des rochers de l'Olympe à ceux de Rhodope, du Pinde au Parnasse, par la voix des aèdes, des rapsodes, l'humanité s'est cherchée, s'est trouvée, s'est perdue, s'est pleurée, jusqu'au jour où elle s'est retrouvée et réconciliée dans la Palestine méprisée, sur l'aride sommet du Golgotha.

Une bonne preuve, aussi, que ces deux mots. prophète et poète, sont synonymes chez les Anciens, c'est que les vieilles prescriptions de Rome *(carmina)* sont, et des formules magiques, et des vers.

Nous ne croyons pas qu'après tant de siècles révolus, à la fin de notre XIX⁰ siècle, après tant de sociétés brisées, après tant de mondes nés et disparus, après tant de systèmes philosophiques anéantis les uns sur les autres et les uns par les autres, les circonstances aient été véritablement modifiées.

Oui, nous estimons que les poètes ont été, qu'ils sont encore des prophètes, c'est-à-dire, des révélateurs, et nous trouvons qu'étudier leurs écrits est, pour l'observateur, un moyen précieux et exact de connaître la pensée de leur temps. Combien de philosophes, leurs contemporains, n'ont représenté qu'eux-mêmes et exposé des doctrines personnelles qui, parfois, ont à peine effleuré la société?

C'est ainsi, pour ne parler que de la France, que dans notre xixe siècle, la postérité connaîtra beaucoup mieux les idées générales et la philosophie contemporaine, en étudiant Lamartine, Victor Hugo, Alfred de Musset, Leconte de Lisle, qu'en pâlissant sur les fades écrits de Victor Cousin et de ses disciples, ou sur les lourdes, étranges et arides productions d'Auguste Comte et de son école.

Assurément, ce sont les philosophes et non les poètes qui créent les systèmes, mais ce sont les poètes, par le fait même qu'ils se sont rangés à tels ou tels, qui nous renseignent sur leur importance, sur leur influence sociale, sur l'étendue et la durée de cette influence.

Ce n'est donc pas un simple jeu d'esprit, auquel nous venons nous livrer ; le résultat d'un semblable exercice serait d'ailleurs absolument vain. Convaincu comme nous le sommes, que, dès les âges primitifs, les poètes ont été la véritable expression, souvent inconsciente, mais presque toujours sincère des idées de leur temps, c'est aux poètes latins que nous venons demander l'exposition, la nomenclature, le catalogue des idées métaphysiques

et morales de la société dans laquelle ils ont vécu,
à laquelle ils ont parlé et qu'ils ont représentée.

Jusqu'à présent on a examiné et étudié les systèmes de philosophie en eux-mêmes ; on s'est évertué
à exposer du mieux que l'on a pu les doctrines de
tel ou tel maître, et l'on a soigneusement parqué
dans telle ou telle série les œuvres de tel ou tel
écrivain. Il en résultait des classifications très caté-
goriques, des systèmes absolument tranchés, mais
auxquels manquaient le naturel et la vie ; c'était
comme une grammaire sans exemples ou une géographie sans atlas.

De nos jours, on a compris que c'est la forme
même de l'esprit humain qui établit sa philosophie,
et que, par conséquent, ce n'est pas le système qui
a créé l'écrivain, mais que c'est l'écrivain qui a créé
le système. Ce n'est pas seulement l'influence de
l'hérédité, si forte, comme on commence à s'en
apercevoir, c'est encore et surtout l'influence du
milieu, ce sont les différentes circonstances de la
vie individuelle, ce sont les mille et mille hasards
de l'existence ordinaire, les influences sociales se
transformant sans cesse comme l'insaisissable Pro-
tée, qui forment nos conceptions, qui les synthéti-
sent en système, et qui créent à la fois nos différen-
ciations et nos uniformités.

Nous ne chercherons pas dans les poètes latins,
et nous n'y rencontrerions guère cette poésie idéale,

ces formes éthérées que nos vieux pères aryens ont su trouver dans les livres sacrés de la Perse et de l'Inde, que la Grèce, notre mère, a su manifester dans ses peintures, dans ses idéales statues, dans ses poètes divins, dans son Platon, plus divin encore.

L'étude de la philosophie n'est pas la recherche, dans les peuples et les individus, de la démonstration d'un système préféré ; il s'agit, non de démontrer, mais de constater. Plier les faits à ses idées personnelles, trouver dans l'histoire ce que l'on y cherche, est une entreprise trop commode et trop frivole pour que le penseur sérieux s'y puisse arrêter. Dans la poésie latine, c'est la pensée latine que nous entendons rechercher, et non pas la nôtre.

Si nous trouvons peu de poètes latins véritablement poètes dans le sens que nous attachons à ce mot, nous leur découvrons presque toujours un caractère véritablement oratoire, non point oratoire dans le sens grec, dans le sens auquel l'entendaient ces peuples habitués aux puissantes improvisations de l'Agora, et qui disaient que les discours de Démosthène lui-même « sentaient l'huile », mais au sens rigide, clair, correct, qui, sans dédaigner l'imagination, savait la contenir, et qui, sobre dans son élégance, ennemi de toute divagation, résonnant dans une note moyenne, créait à la fois la prose des Cicéron, la poésie des Virgile.

Dans cette fin de siècle où nous vivons, il semble que l'humanité, joyeuse à bon droit de ses conquêtes scientifiques, veuille mépriser ou tout au moins réduire à la portion congrue l'étude et la pratique des langues de l'antiquité. Ce serait, selon nous, un mauvais moyen de montrer sa supériorité à la culture moderne que de lui apprendre à mépriser et à battre sa mère; nous croyons que l'on peut admettre les connaissances nouvelles, sans dédaigner les anciennes d'où elles sont issues. La science, même la plus exacte, nous montre que c'est mal entreprendre l'étude de l'avenir que d'oublier celle du passé. Le véritable esprit scientifique consiste à tout apprendre et à ne rien oublier. Les ennemis actuels de l'antiquité classique sont infiniment inférieurs en jugement, en capacités intellectuelles, à ces barbares qui ont envahi l'empire romain, mais se sont inclinés devant sa langue et sa civilisation, qu'ils se sont appropriées. Supprimer ou seulement restreindre l'étude des disciplines latines et grecques serait un crime de lèse-humanité. La pierre sous laquelle on ensevelirait les œuvres d'Homère et de Virgile serait le tombeau même de la civilisation.

I

L'Etrurie.

L'Italien ne fut et ne sera jamais idéaliste ; il ne se perd pas avec Dieu et le monde dans le transcendant; il lui faut un Dieu utile, pratique ; aussi, dès les époques historiques jusqu'à nos jours, l'a-t-il matérialisé, façonné, non comme un objet d'art, mais comme une sorte d'ustensile. Sa philosophie, comme nous le verrons, même, et nous pourrions dire surtout par ses poètes, ne démentira pas sa religion. Qu'il ait adoré les divinités de l'Etrurie, celles de la Grèce ou celles de la Palestine, il est toujours resté fidèle à lui-même. Jadis, par la divination, il surprenait aux dieux la connaissance des intérêts de la terre, depuis la politique et la jurisprudence jusqu'aux moyens de rattraper un oiseau perdu ou de trouver de belles grappes de raisin [1].

[1] Le terme *Solvere rota* indique l'accomplissement d'un contrat. On lit dans les inscriptions : « Ædem tempestatibus dedit *merito*. — Pompeius votum *merito* Minervæ. » Varron nous a

Les formules augurales, la liturgie, les lignes sacrées, les prières, étaient des sortes de contrats avec les dieux par l'intermédiaire des augures ; l'on jouait avec le ciel une partie serrée où il n'était pas défendu de jouer au plus fin, ni même absolument de tricher. Tel aujourd'hui le brigand des Abruzzes et le plus récent brigand de Sicile priant le Dieu des chrétiens de lui donner, moyennant récompense, beaucoup de voyageurs à détrousser, et la courtisane du Transtévère, suppliant au matin, la Sainte Vierge, moyennant un beau cierge, de rendre fructueux son commerce d'amour.

Ce caractère réaliste dans la religion, dans la philosophie, dans la politique, dans la vie privée, dans toutes les manifestations de l'existence individuelle et sociale, nous ne le trouvons chez aucun peuple

conservé la formule augurale par laquelle on choisit l'emplacement du Capitole.

Remarquons à ce propos que la tête d'homme fraîchement coupée qu'on trouva dans les fondations du Capitole et qui fit augurer que Rome serait la tête du monde, semble indiquer les sacrifices humains des Etrusques, dont une tradition attribue d'ailleurs la pratique à Tarquin-le-Superbe (Macrob. I, 7).

La formule du vœu d'un *Ver sacrum* (Tite Live XXII) et celle du consul Licinius contre Antiochus (ibid., XXXVI) sont de véritables contrats avec Jupiter. V. le Comment. de Virgile, *Servius*, Ad. Æneid, III, v. 89 :

Da pater augurium atque animis illabere nostris ! « *Legum dictio* appellatur, cum condictio ipsius augurii certa nuncupatione verborum dicitur, quali conditione augurium peracturus sit. . . tunc enim quasi *legitimo* jure *legem* adscribit. »

Quant aux formules pour trouver un oiseau perdu ou de beaux raisins, v. Cicer. *de Divinatione*.

de la race aryenne, ni en Europe, ni en Asie. Il appartient en propre à la race sémitique, et si l'Italien faisait exception, cette exception serait inouïe dans les fastes de l'histoire universelle.

Nous sommes, malgré toutes les hypothèses, sans notions certaines sur les populations autochtones de l'Italie. Elle fut de bonne heure l'asile commun de tous les fugitifs de l'Ancien Monde, de l'Espagne, de la Gaule, de l'Asie-Mineure, de la vieille Afrique. Selon M. Micali [1], ce serait à l'Egypte et à l'Asie Mineure que l'Etrurie, mère véritable des institutions romaines, aurait dû ses arts, son sacerdoce, son gouvernement. L'influence prépondérante sur l'organisation des Romains aurait donc été d'origine orientale.

Nous disons « orientale », en réalité, nous aurions bien envie de préciser encore et de dire « sémitique », et de le dire même en parlant des emprunts faits par les Etrusques à l'Egypte.

D'où venaient, en effet, les immigrants qui envahirent, lors de l'avènement de Ménès, la vallée du Nil et constituèrent la race égyptienne? Nous n'osons pas nous engager dans les longues discussions auxquelles ont donné lieu les affinités ethnographiques des Egyptiens. On est cependant d'accord, aujourd'hui, de les rattacher aux races blanches de l'Europe et de l'Asie occidentale.

---

[1] *Micali. Storia degli antichi popoli italiani.* 1. 142.

Il y aurait ainsi un « rapport de souche », une communauté d'origine entre les Egyptiens d'une part, et de l'autre, les Arabes, les Hébreux et les Phéniciens. Mais on se serait quittés assez tôt pour que les tribus qui vinrent s'établir dans la vallée du Nil aient eu le temps d'acquérir une physionomie distincte, très particulière et très originale. C'est ce que l'on exprime en disant que les Egyptiens appartiennent aux races *protosémitiques*. Telle est l'opinion qu'ont soutenue MM. Lepsius, Benfey, Bunsen, etc.; c'est enfin celle qu'adopte M. G. Maspero.

D'autres critiques, il est vrai, sans nier ces rapports, ni prétendre les expliquer, ont été plus frappés des différences que des ressemblances. M. E. Renan inclinerait plutôt à ranger le copte, avec le touareg et le berber, dans une famille qu'il appellerait « chamitique », et à laquelle se rattacheraient la plupart des idiomes de l'Afrique septentrionale. « La comparaison des langues ne permet donc point de trancher la question d'origine » [1].

L'originalité des Etrusques avait déjà frappé l'antiquité; ils se disaient eux-mêmes les plus vieux habitants de l'Italie, et, ajoute Denys d'Halicarnasse,

[1] Perrot et Chipiez. *Histoire de l'art dans l'antiquité*, vol. EGYPTE.

« ils ne se rattachent à aucun peuple du monde ».
C'est qu'à Rome, l'Orient était alors inconnu. Il ne
fut que trop connu plus tard !

On a dit que « l'Etrurie est l'Egypte de l'Occident ». Elle l'est par son caractère spécial et aussi
par sa langue non déchiffrée qui attend toujours son
Champollion. Max Müller, dans la *Science du langage*
(1861), a été obligé de passer l'étrusque sous silence.

Encore plus indéchiffrable semble le peuple étrusque. Ces hommes de petite taille, au nez crochu et
au ventre proéminent [1], nous ont laissé, à côté de
figures grotesques qui sont la hideuse caricature de
leur propre type, des dessins céramiques de per-

---

[1] La gourmandise et la mollesse des Etrusques étaient
proverbiales comme leur corpulence :

> . . . . O semper inertes
> Tyrrheni ! . . . .
> At non in venerem segnes nocturnaque bella,
> Aut, ubi curva ebrios indixit tibia Bacchi,
> Expectare dapes et plenæ pocula mensæ,
> Hic amor, hoc studium dum sacra secundus aruspex.
> Nuntiet ac lucos vocet hostia pinguis in altos.

> Æneid. XI, v. 733 et sq.

M. Michelet *(Hist. rom.* Introd. Ch. V) commet ici une
erreur assez plaisante. Faisant allusion, sans les citer, à ces
vers de Virgile, il les résume par ces deux mots : *pinguis
tyrrhenus*. Les Etrusques étaient gras, mais on ne saurait
leur attribuer dans ce passage l'épithète de *pinguis* sans les
accuser d'anthropophagie.

Catulle, lui, dit la chose en propres termes :

> Aut porcus **Umber**, aut *obesus* **Hetruscus**.

> (Catul. XXXIX. *In Egnatium*, v. 11).

sonnages aux traits fins, au port majestueux, dont ils ont pris les modèles on ne sait où.

Ils se disaient autochtones, et l'on s'est évertué à leur trouver une origine ; vains efforts ! le sphynx a gardé son secret, ou du moins il l'a gardé à demi. L'origine orientale et même sémitique nous paraît être à peu près démontrée. Le sombre silence véritablement hiératique de l'Etrurie sur ses sources primitives nous en paraît être une preuve de plus.

Voici comment s'exprime Denys d'Halicarnasse : « Par leur langue et leurs mœurs, les Etrusques se séparent de toutes les autres nations. » (Ant. rom. IX, 5).

D'après Tite Live (V, 33), les Etrusques seraient de la même souche que les Rhétiens. Niebuhr et O. Müller les font aussi sortir des montagnes de la Rhétie : *Tyr, Tyrol, Tyrrhéniens*, ce qui confirmerait encore notre opinion en faveur d'une origine sémitique. De même : *Tyr, Turm* (dieu étrusque), *Tusci, Teutschen* (??). La langue originale de Græden, dans le Tyrol, et unique dans ses racines, est considérée par quelques-uns (Niebuhr), comme un dernier reste de la langue tusque ou étrusque[1].

---

[1] Les Romains du siècle d'Auguste faisaient descendre les Etrusques de la Lydie, notion vague qui confirme notre point de vue. C'est ainsi qu'Horace dit à Mécène :

Non quia, Mæcenas, Lydorum quisquis Etruscos
Incoluit fines, nemo generosior est te. . .

Sat. l. 1, VI, 1. 2.

On peut admettre, en effet, que les Etrusques soient regardés comme une tribu asiatique qui, après avoir pénétré en Europe par les défilés du Caucase — où les Goths passèrent ensuite, — aurait remonté le Danube jusqu'aux gorges du Tyrol. Ils seraient ensuite descendus des Alpes dans la vallée du Pô, apportant de l'Asie, qu'ils avaient sans doute quittée depuis des siècles, leur gouvernement à demi sacerdotal.

Ceux, d'autre part, à qui cette hypothèse ne sourit pas, peuvent la rejeter sans crime. Nous sommes ici dans le domaine de l'imagination [1].

L'art étrusque ne ressemble à rien de ce qu'a produit l'Europe en ce genre ; des blocs massifs de Volterra aux vases élégants de Tarquinies ou de Clusium, des personnages à quatre ailes aux peintures des temples et aux images sculptées des tom-

---

[1] C'est ainsi que les Etrusques, dont l'origine est encore inconnue, ont été successivement rattachés à toutes les races et à tous les pays. On en a fait des Italiens indigènes, des Slaves, des Basques, des Celtes, des Chananéens, des Arméniens, des Egyptiens, des Tartares, etc. Tel a soutenu avec Hérodote que c'étaient des Pélasges-Tyrrhéniens partis des côtes de la Lydie et arrivés par mer en Italie ; tel autre, avec Denys d'Halicarnasse, a prétendu reconnaître en eux une tribu issue des Alpes Rhétiques. Cependant, nul n'a réussi à percer les brouillards où se perd le passé de ce peuple énigmatique. On n'en sait guère davantage sur les autres populations qui se sont partagé avec eux le sol de l'Italie.

(Jules Martha. *Archéologie étrusque*).

beaux, tout nous rappelle la civilisation des peuples de l'Egypte et de la Syrie.

N'est-il pas étonnant que ce peuple à la fois guerrier et commerçant ait encore été artiste, et qu'il ait couvert l'Italie de monuments et de tombeaux indéchiffrables ? qu'il nous ait laissé un nombre si prodigieux d'objets précieux tant pour la valeur de la matière que pour celle du travail, ciselures, bijoux, vases, bas-reliefs et statues, le tout si original et si étranger à tout ce qui se faisait ailleurs [1] ?

Ces gorgones, dont les représentations sont si nombreuses, ces dieux à quatre ailes, ces chimères qui gardent les tombeaux, ces animaux inconnus à l'Italie, lions et panthères qui se dévorent, ces génies bons et mauvais qui conduisent les âmes dans l'autre monde, montrent des souvenirs bien gardés d'une patrie primitive située en Orient.

L'enfant Tagès, le Moïse et le Manou de l'Etrurie, trouvé dans le sillon, avec le visage grimaçant d'un vieillard, et les nains difformes (v. l'*Atlas*, de Micali), rappellent les Cabires phéniciens ; les chevaux-aigles, l'Assyrie ; les personnages qui se couvrent la bouche pour parler à leur supérieur, les bas-reliefs de Persépolis ; l'homme à tête de chacal, Anubis et l'Egypte.

---

[1] Nous ne parlons pas ici, bien entendu, des poteries et des vases de la dernière période étrusque, dont les formes et les dessins sont évidemment empruntés à l'art grec.

Ce sont enfin les Etrusques qui ont donné à Rome l'ensemble de ses cérémonies, des rites de culte à l'appareil de triomphe, *apex*, laticlave, prétexte, chaise curule, licteurs, etc., etc.

Si ce point n'était pas relativement secondaire dans un travail de ce genre, il nous serait aisé de multiplier les indications et de montrer l'influence prépondérante de la civilisation étrusque sur les Romains incultes que la tradition nous montre groupés sous des rois aussi légendaires qu'elle.

II

Etrusques, Grecs et Romains.

Aux fortes preuves internes tirées de leur culture,
de leurs rites, de leurs monuments, du caractère
pratique et en quelque sorte mercantile de leur
théogonie, ne peut-on pas ajouter, pour s'autoriser
à admettre l'origine sémitique des Etrusques, la
haine dont ils ont été l'objet de la part des peuples
aryens du littoral, de l'Italie méridionale à la Sicile
et à la Grèce ?

Les Grecs les appelaient les « pirates étrusques »,
et leurs navires menacèrent de bonne heure les colonies grecques. Ils étaient toujours en guerre avec
les Doriens de Syracuse. Peu de temps après que
Xercès eut envahi la Grèce, et Carthage la Sicile, les
Etrusques menacèrent la Grande Grèce tout entière
et faillirent s'emparer de Cumes. Le Syracusain
Hiéron les battit, comme Gélon son frère avait battu
les Carthaginois, — en leur interdisant ces sacrifices

humains si chers aussi aux Étrusques, — comme Thémistocle avait triomphé des envahisseurs orientaux. Pindare célèbre la défaite des Étrusques, « cette troisième victoire de la Grèce », à l'égal des deux autres.

Λίσσομαι νεῦσον, Κρονίων, ἅμερον
ὄφρα κατ' οἶκον, ὁ Φοῖνιξ ὁ Τυρσανῶν τ' ἀλαλατὸς
  ἔχῃ, ναυσίστονον ὕβριν ἰδὼν τὰν πρὸ Κύμας·
οἷα Συρακοσίων ἀρχῷ δαμασθέντες πάθον,
ὠκυπόρων ἀπὸ ναῶν ὅς σφιν ἐν πόντῳ βάλεθ' ἁλικίαν.
Ἑλλάδ' ἐξέλκων βαρείας δουλείας. ἀρέομαι
πὰρ μὲν Σαλαμῖνος Ἀθαναίων χάριν
μισθόν, ἐν Σπάρτᾳ δὲ κλέων πρὸ Κιθαιρῶνος μάχαν,
ταῖσι Μήδειοι κάμον ἀγκυλότοξοι,   (τελέσαις,
παρὰ δὲ τὰν εὔυδρον ἀκτὰν Ἱμέρα παίδεσσιν ὕμνον Δεινομένεος
τὸν ἐδέξαντ' ἀμφ' ἀρετᾷ, πολεμίων ἀνδρῶν καμόντων.

(Pyth. I. 136 sq.)

« Fils de Saturne, exauce ma prière ; que le Tyrrhénien et le
« Phénicien. tranquilles dans leur patrie. ne songent plus à
« renouveler le tumulte des combats, instruits par l'outrage
« que leur flotte a reçu devant Cumes et par les maux que
« leur fit le maître de Syracuse (ou le *général des Syracusains*).
« alors que. vainqueur, il précipita dans les flots. du haut des
« poupes rapides, toute leur plus brillante jeunesse et tira les
« Grecs du joug accablant de la servitude.
« A Athènes, je chanterais la victoire que les Athéniens ont
« remportée à Salamine ; à Sparte, je célébrerais le combat où
« le Cithéron vit tomber les Mèdes aux arcs recourbés ; sur les
« bords riants et fleuris de l'Himère, je dois chanter les fils de
« Dinomène *(Gélon et Hiéron)* et la gloire immortelle qu'ils
« ont conquise par la défaite de tant d'ennemis. »

Le vainqueur fit hommage à Jupiter Olympien, du casque d'un des lucumons (chef militaire et religieux), tué à cette bataille de Cumes, avec cette inscription qu'il y avait fait graver : « Hiéron et les Syracusains ont consacré à Jupiter les armes tyrrhé-

niennes prises à Cumes. » — Ce casque a été retrouvé
en 1817 dans le lit de l'Alphée et est aujourd'hui au
British Museum.

La défaite de Cumes ferma la mer aux Etrusques ;
dès lors, leur influence se répandit sur la péninsule
italique, et nous croyons pouvoir dire qu'ils formè-
rent l'âme de ce peuple romain qui, subjuguant et
la Grande Grèce, et la Sicile, et Carthage, et la Grèce
même, accomplit à la fois la vengeance et de l'Etrurie
et de l'antique Ilion.

C'est ainsi, c'est par les Etrusques et leur origine
sémitique à notre sens, que s'expliquerait le caractère pratique, sombre et absorbant de la civilisation
romaine.

Un trait particulier des mœurs étrusques est en
contradiction absolue avec les mœurs grecques. Ce
peuple sensuel aimait à aiguiser le plaisir par des
scènes de mort. Il avait l'usage des sacrifices humains (Gélon les avait interdits aux Carthaginois),
il décorait ses tombeaux de scènes sanguinaires.
Voir le sacrifice humain représenté dans l'hypogée
de Vulci [1]. Enfin, il a donné aux Romains le goût
des combats de gladiateurs.

Autre différence d'avec les Grecs : les Etrusques
inhumaient leurs morts et ne les brûlaient pas.

---

[1] Noël des Vergers: *L'Etrurie et les Etrusques*, ou dix ans
de fouilles dans les Maremmes toscanes. — Atlas, pl. XXI.

Autre trait caractéristique : L'Etrurie avait les noms de famille que n'avaient pas les Grecs, et les individus y étaient distingués par des surnoms. Le nom de la mère du défunt était, dans les épitaphes, plus souvent mentionné que celui du père (Creuzer). Cette supériorité du sexe féminin, dernière trace de l'antique *matriarcat*, se retrouve dans les cultes de l'Egypte, de l'Asie Mineure et de la Syrie.

La théologie astronomique des Etrusques leur ayant enseigné que le monde ne doit durer que huit grands jours, soit huit fois 1100 ans, et qu'un de ces jours était donné à chaque grand peuple, ils apprirent sans surprise, au milieu des guerres de Marius et de Sylla, que la fin de l'Etrurie approchait (*Varro*, apud Censorinum 17. Plut., *Vie de Sylla*). Aussi se résignèrent-ils aisément au joug romain.

Cette croyance au renouvellement périodique du monde avait passé dans les croyances générales. Voir Cicéron dans le *Songe de Scipion :* « Eluviones exustionesque terrarum quas accidere tempore certo necesse est. » De Republica VI, 21 ; et le toscan Virgile :

> Adspice convexo nutantem pondere mundum
> Et terras, tractusque maris cœlumque profundum.
>
> (Egl. IV, v. 50)

Le droit romain se trouve tout entier compris dans ce peuple, déjà si cultivé, si raffiné ; non seulement le droit civil, formaliste et strict comme les rites de l'Etrurie, si étranger à la générosité et à l'élévation de la race aryenne, mais encore, malgré quelques écrivains contemporains, le droit des gens, fixé depuis les temps les plus reculés par ces navigateurs sémitiques qui, Egyptiens, Phéniciens, Carthaginois, Etrusques, avaient fait de la Méditerranée un lac à leur usage personnel.

Plusieurs philosophes veulent que le droit romain soit émané de la philosophie stoïcienne à laquelle Rome aurait donné un caractère pratique, et qui, par l'universalité de sa morale, aurait préparé l'universalité du droit. Disons plus exactement que les développements que les Romains ont donnés, et aux doctrines stoïciennes et à l'étude du droit, procèdent de la même cause, à savoir : la nature de l'esprit romain.

D'autres voudraient au contraire que le droit égyptien et les lois commerciales de la Chaldée, telles que la Chaldée les avait établies près de vingt-cinq siècles avant J.-C., aient été, bien après l'institution de l'empire romain, acceptés et assimilés par le peuple-roi ; que l'école de Béryte ait été la créatrice véritable de ce « droit des gens » qui fut définitivement fixé par les commissaires de Justinien. Nous ne saurions l'admettre. La « prudence » romaine n'a pas une origine si récente ; mais il y aurait quelque chose de vrai dans cette assertion, si Rome procédant des conceptions et des idées sémitiques, dès le principe comme nous l'avons dit, n'a cessé, pendant toute son histoire, de se retremper dans ce courant.

La thèse que nous combattons ici en quelques mots, non comme erronée, mais comme incomplète, est soutenue par M. Eugène Revillout, professeur à l'école du Louvre et orientaliste très distingué, dans le recueil de ses leçons, intitulé « *Les obligations en droit égyptien*, comparées aux autres droits de l'antiquité », 1886. Cette découverte, car c'en est une, et très importante, de l'origine orientale du droit des gens tel que l'ont établi les Romains, et que nous avons entendu soutenir par M. le Dr Erman, professeur de droit romain aux universités de Genève et de Lausanne, dans son *Discours d'installation* comme professeur ordinaire à la Faculté de droit de Lausanne, le 27 octobre 1887, a, nous semble-t-il, le tort grave de méconnaître l'intermédiaire de l'Etrurie, qui explique pour nous, naturellement, un phénomène assez extraordinaire sans cela, et de s'imaginer que les mœurs juridiques d'un peuple comme les Romains aient pu se transformer radicalement dans un espace relativement si court.

Nous ne voulons pas oublier ni méconnaître, bien entendu, l'influence très grande sur la philosophie et par conséquent sur le droit, du système des stoïciens, le plus honoré à Rome, et dont *l'origine est également asiatique*, ce qui confirme encore notre thèse : Zénon était de Cittium, ville de Chypre, *fondée par les Phéniciens ;* son disciple favori, Cléanthe, était d'Assos *(Asie Mineure)* ; le disciple le plus fameux de Cléanthe fut Chrysippe, de Soli *(Cilicie) :* les principaux disciples de Chrysippe furent Zénon de *Tarse*, et Diogène de *Babylone,* etc.

Il importe peu d'ailleurs que le caractère romain procède exactement de telle ou telle origine ; il nous semble, dès ses origines, qu'il soit *à peu près étranger au génie aryen*. C'est peut-être, c'est sans doute ce côté pratique, utilitaire, assimilateur, qui a fait la force, la puissance du Peuple-Roi. Ce sont les idées moyennes qui l'emportent en fin de compte dans l'humanité, au point de vue philosophique et social comme au point de vue physique et matériel.

III

Les premiers poètes.

Ce fut vers la fin du Ve siècle que Rome entra dans la période vraiment historique, et que nous la voyons en communication avec la culture grecque par l'intermédiaire de la Campanie, de la Grande Grèce et de la Sicile. Non seulement toute la période royale est légendaire, mais aussi les premiers temps de la République ; et la fable se mêlera longtemps encore au récit à tel point qu'il sera souvent impossible de discerner la vérité de la tradition. Quant à la chronologie, on ne saurait l'établir que très approximativement. Il n'y a, en effet, de certitude pour la chronologie romaine que depuis la prise de Rome par les Gaulois (390), parce que les Grecs connurent cet événement et le rattachèrent à leur propre chronologie : Olymp. 98, 1 ou 2 (Varron, ol. 97, 2).

Depuis les guerres du Samnium, Rome était sortie, en partie, de sa rudesse première, pour ses mœurs, sa religion, sa politique même. Les trésors énormes

provenant du pillage des villes du Midi, les tributs
payés par la Sicile et par Carthage (après la première guerre punique), avaient, en augmentant le
bien-être, affiné les intelligences, rebutées d'abord,
puis à demi gagnées par tant d'idées acquises au
contact d'ennemis autrement cultivés que le Romain.

L'abrupte langue des XII Tables commençait à
s'assouplir dans les discussions de la curie et du
forum, les oraisons funèbres et même les harangues
des camps. Coruncanius, le premier grand pontife
plébéien, ouvrait vers le milieu du troisième siècle
une école de jurisprudence, de cette science dans
laquelle les Romains devaient surpasser tous les
peuples.

Mais rien de tout cela n'était écrit. Ni livre, ni
poème à Rome, pendant cinq siècles entiers ! Il nous
faut, pour rencontrer enfin une production littéraire,
arriver à Livius Andronicus (240), et dès lors le
mouvement est donné.....

C'est après une assimilation d'un siècle et demi
que nous trouvons les premiers écrivains romains,
dont les œuvres, autant que nous pouvons en juger
par les portions qui nous en restent, consistent dans
l'imitation des auteurs grecs. La littérature de la
Grèce fut presque le dernier emprunt que lui firent
les Romains ; ils avaient consulté ses oracles, invo-
qué ses dieux, dressé des statues à ses grands

hommes, accepté ses représentants dans le Sénat, admis son calendrier solaire, avant de laisser leur rude génie s'amollir au contact de ses artistes et de ses poètes.

Dès ce moment la langue grecque a pénétré partout, par les législateurs, les commerçants, les esclaves. Homère a été étudié dans les écoles, et cependant le dur Romain dédaignait encore la poésie ; c'était l'affaire des affranchis et des étrangers.

Aussi, Livius Andronicus, affranchi de Livius Salinator, — maître d'école, commentateur d'Homère, auteur par ordre du Sénat du chœur sacré que chantèrent les jeunes filles pour conjurer la présence d'Asdrubal, donna-t-il le premier, des tragédies imitées des Grecs, littérature perdue pour nous, mais toute d'imitation, et qui par conséquent ne nous laisse aucun regret comme indice de la philosophie du temps.

Nævius, ennemi du patriciat, ne nous intéresse pas davantage au point de vue philosophique. Il serait curieux de montrer, en dépit de Niebuhr, qu'il a été presque aussi imitateur des Grecs que son prédécesseur, mais ce n'est pas là notre affaire [1].

---

[1] Pour le mieux opposer au Calabrais Ennius, on a voulu en faire un Romain ; il était en effet citoyen ; mais Campanien d'origine. Ses tragédies, sauf *Romulus* et *Clastidium*, étaient empruntées au théâtre grec, tout comme celles de Livius et

Ennius nous appartient davantage; non pas que nous ayons à le considérer par ses *Annales* comme un Homère latin, pour avoir raconté dans ses vers heurtés, la vieille légende romaine, — Nævius avait essayé de le faire avant lui, — mais pour avoir, poète épique, didactique, satirique, tragique, comique, imitateur des Grecs en dépit de sa forte personnalité, introduit chez les Romains les systèmes d'Epicharme et d'Evhémère, dont il avait d'ailleurs trouvé les germes dans Euripide, son tragique préféré. C'est le père du scepticisme romain, image et docteur fidèle de cette race pratique qui a connu

d'Ennius ; de ses comédies nous n'avons que les titres, et ces titres sont grecs ; son poème épique la *Guerre Punique*, des sept livres desquels il ne nous reste que quelques vers, donne tout au long l'histoire d'Enée, fable grecque que Rome n'adopta que plus tard. Et s'il a employé le vers saturnin, c'était faute de connaître l'hexamètre latin. Victime des Scipions et des Metellus, déporté en Afrique, est-il bien le poète que Plaute nous dépeint dans le *Miles gloriosus*, v. 211 :

> Nam os columnatum poetæ inesse audivi barbaro
> Quoi bini custodes semper totis horis accubant.

Quoi qu'il en soit, nous savons qu'il mourut à Utique, après s'être lui-même érigé cette peu modeste épitaphe (Nævius *in Gellio* 1. 24) :

> Mortalis immortalis flere si foret fas
> Flerent divæ Camenæ Nævium poetam.
> Itaque postquam est Orcino traditus thesauro
> Obliti sunt Romæ loquier latina lingua.

Les plébéiens, reconnaissants de son opposition aux patriciens, donnèrent, d'après Varron, le nom de Nævius à une porte de Rome (De L. lat. IV. 45).

toutes les superstitions, mais qui n'a jamais eu un sentiment religieux, vraiment idéaliste et désintéressé.

Quoi qu'on ait dit, Ennius est pour le moins aussi bon romain que Nævius. Il est citoyen romain et il s'en glorifie :

> Nos sumu'Romani qui fuimus ante Rudini,

non moins que d'avoir célébré les hauts faits des ancêtres :

> Adspicite, o ceives, senis Ennii, imagini formam
>   Heic vostrum panxit maxuma facta patrum
> Nemo me lacrumis decoret, nec funera fletu
>   Facait. Quur ? volito vivu'per ora virum.
> *(Q. Ennii epitaph. abipsomet condit.)* Cicer. Tuscul. I.

Et son fameux vers, qui résume tout le génie de Rome :

> Moribus anteiqueis res stat romana, vireisque. . .

Les tragédies d'Euripide sont remplies de hardiesses irréligieuses ; celles d'Ennius en contenaient, paraît-il, beaucoup plus encore, et de plus fortes. Il démontrait l'impuissance des dieux par l'existence du mal, il attaquait même leur réalité, raillait l'institution du mariage, la vertu des astrologues et des devins, c'est-à-dire des augures ; ici, il montrait que le Maître des dieux n'est que l'air personnifié, et ailleurs, que c'était un vieux monarque crétois, sur le tombeau duquel il avait lu lui-même cette épitaphe :

> « ZANKPONOY (*idest latine* Jupiter Saturni). »

On ne peut parler d'Epicharme et d'Evhémère que sur la foi d'autrui. Epicharme nous est connu par Cicéron (Tuscul. I, 8), Diogène de Laerte, Jamblique, Sextus Empiricus et quelques fragments qui ne nous apprennent pas grand'chose sur ce pythagoricien [1]. Sur Evhémère nous avons plus de détails sinon plus d'écrits. Les restes de ces derniers se bornent à quelques citations faites par les auteurs grecs, païens et chrétiens, et à quelques fragments isolés de la traduction qu'Ennius avait faite de ses ouvrages. Dans son *Histoire sacrée*, il exposait cette théorie sur l'origine des religions, connue depuis sous le nom d'Evhémérisme : que les dieux furent des hommes supérieurs ou des rois puissants, divinisés par l'admiration, la reconnaissance ou la terreur de leurs contemporains.

La profonde originalité de Plaute, homme sorti de la dernière classe du peuple, apparaît, toute romaine dans son génie plébéien, à travers le masque grec qu'elle est obligée de revêtir, dans ses caricatures du patriciat et dans son affirmation toute nouvelle de l'égalité des hommes, grands ou petits, libres ou esclaves, séparés par les pays, les mœurs, les institutions et les conditions.

---

[1] Epicharme était surtout connu comme auteur dramatique. Il nous reste les titres de quarante de ses pièces.

Les indécences, le cynisme de Plaute le rapprochent beaucoup de Rabelais. Ce dernier faisait rire
pour formuler, à l'abri de ses facéties, les plus
hautes vérités et les censures les plus hardies
contre les mœurs et l'intolérance de son temps.
Plaute n'a pas de si hautes visées. Il a la verve et
la gaîté qui font défaut le plus souvent à Térence ;
il en aurait eu la politesse, s'il avait eu affaire à
d'aussi hauts protecteurs et à un public aussi lettré.
Mais c'est un homme du peuple, de la dernière
classe, et c'est pour le peuple qu'il écrit et aux
goûts duquel il doit sacrifier. D'abord acteur, puis
commerçant, il fut ruiné et réduit, dit-on, pour
vivre à tourner la meule d'un boulanger. Sans appui,
sans patron, il ne pouvait bien vendre ses pièces
aux édiles que si le public les aimait ; et ce public
y trouvant son langage, en raffolait littéralement.
Horace le méprisait beaucoup (Ep. ad Pisones 269) :

> At nostri proavi Plautinos et numeros et
> Laudavere sales ; nimium patienter utrumque
> Ne dicam stulte, mirati ; si modo ego et vos
> Scimus inurbanum lepido seponere dicto,
> Legitimumque sonum digitis callemus et aure.

Horace est bien sévère, et le pauvre Plaute n'aurait pas demandé mieux que d'écrire des pièces
plus urbaines et toutes morales. Ecoutez-le faisant
dire à sa *caterva* des *Captifs*, s'adressant au public :

> Spectatores, ad pudicos mores facta haec fabulast,
> Neque in hac subigationes sunt, neque ulla amatio.

Nec pueri suppositio, aut argenti circumductio.
Neque ubi amans adulescens scortum liberet clam suum
Hujusmodi paucas poetæ reperiunt comœdias,   [patrem.
Ubi boni meliores fiant ; nunc vos si vobis placet
Et si placuimus neque odio fuimus, signum hoc mittite :
Qui pudicitiæ esse voltis præmium, plausum date.

Quant à ses peintures, elles sont exclusivement romaines [1], l'enveloppe, la mise en scène seule est grecque ; et encore lui arrive-t-il fréquemment de parler à la romaine pour désigner les monnaies, les magistrats, etc. Aussi trouvons-nous dans ses ouvrages de nombreux détails sur la société, la vie de famille, le rôle des courtisanes, la médecine, l'hygiène, même sur la police municipale... N'oublions pas les malheureux esclaves, dont la position n'était guère au-dessous de la sienne !

[1] Au commencement de presque tous ses prologues, Térence au contraire, répète : *Est tota fabula græca !*

IV

Un vers de Térence.

La philosophie morale doit beaucoup à Plaute, malgré ses immoralités. Nous trouverons des écrivains plus corrects, mais non plus instructifs, plus chastes dans la forme, mais non plus moraux dans le fond.

Térence est bien l'un de ces derniers ; on a dit qu'il était à Plaute ce que Ménandre est à Aristophane. La comparaison est injuste ; tout Africain qu'on le dise, Térence est réellement grec, Plaute est latin ; celui-ci est un maître, l'autre est un disciple, un affranchi. Mais la philosophie peut lui pardonner beaucoup de sa banalité, en considération de ce vers qui résume toutes les aspirations et tous les nobles sentiments de la solidarité humaine :

« Je suis homme et rien de ce qui est humain ne m'est étranger ».

Homo sum : humani nihil a me alienum puto [1].

Ce beau vers de Térence, si élevé, si fraternel, n'exprime pas un sentiment aussi étranger qu'on le croit à la conception romaine. Le peuple, qui a fixé les bases du droit humain, avait auparavant, par suite de sa composition même et des circonstances, et non évidemment de propos délibéré, préparé, élaboré et ensuite accompli l'unité du monde.

Nous avons déjà parlé des origines diverses de Rome et de sa population, centre où Latins, Etrusques et Sabelliens, Aryens et Sémites d'origine s'étaient rencontrés. Bientôt elle assimile et les Sabins de Tatius et les Albains, elle devient la métropole du Latium ; puis, gagnant de proche en proche, elle anéantit les petites nationalités italiques et peu à peu l'individualité municipale elle-même. Enfin, les peuples soumis entrent successivement dans la cité romaine. Sans le titre de *citoyen* on était en dehors, où que l'on fût, de tout droit ; avec lui on entrait dans la société régulière. Aussi fut-il bientôt l'objet des désirs de chacun et de tous.

La cité grecque, qui n'adoptait jamais, mourait d'épuisement, et, de fait, la Grèce, après avoir lutté

---

[1] *Heautontimorumenos*, act. I, sc. 2, v. 25.

contre l'Asie, lutta ensuite contre elle-même : Ioniens et Doriens se font la guerre ; Athènes et Sparte, représentant l'une et l'autre une notion incomplète de la cité, combattent et combattent sans cesse jusqu'à ce qu'elles tombent, tour à tour, dans une commune impuissance et dans un commun anéantissement.

Rome, au contraire, adopta tout, assimila tout et obtint ainsi de former le plus vaste empire qui fut jamais et qui puisse jamais être. En dehors de l'Italie, Espagnols, Bretons, Gaulois, Illyriens, Grecs, Égyptiens, Asiatiques, ont successivement revêtu le droit de cité. Seul, le Sémite intransigeant résiste, et il est écrasé dans des pays bien divers et à bien des années de distance, sous les ruines de Carthage et de Jérusalem.

Un décret impérial que l'on attribue à Caracalla, sans qu'on le puisse affirmer avec quelque certitude, accorda enfin le droit de cité romaine à tous les hommes libres de l'empire, sans distinction.

Ce titre conféré à tous, n'importait plus dès lors à personne comme privilège spécial, et ne fut plus employé que comme synonyme d'homme libre, opposé à la condition d'esclave. De la Belgique à la Lybie, du Tigre et de l'Euphrate à la Garonne et au Guadalquivir, tous les hommes forment un seul peuple et un seul Etat.

C'est ainsi que tout l'univers obtient le droit de

conquérir et conquiert en effet la pourpre impériale, avant de dissoudre l'empire créé, maintenu et détruit par cette même universalité. Les Césars étaient Romains ; les Flaviens, Italiens seulement ; les Antonins, Espagnols ou Gaulois ; Septime Sévère, Caracalla, Héliogabale, Alexandre Sévère, Africains et Syriens ; Aurélien et Probus, durs produits de l'Illyrie, et enfin des barbares : Philippe l'Arabe, Maximin le Goth.....

L'individualité des cités a disparu, puis celle des nations. Le moment est venu où le christianisme abaissera la suprême barrière qui sépare encore l'homme libre de l'esclave, le Barbare du Romain, et où le vers de Térence se trouvera réalisé, non seulement dans la conscience de l'homme de cœur, mais encore dans l'humanité tout entière.

Cette fusion des races, aidée par la translation de l'empire romain de l'Occident à l'Orient qu'avait tentée Antoine, fut réalisée par Constantin ou plutôt par le christianisme.

Alexandrie, — dont le fondateur avait rêvé, lui aussi, un monde-cité dont la phalange eût été la citadelle, — Alexandrie y avait fortement préparé. Elle se trouva consommée par les éléments les plus divers: la nouvelle Académie, et plus encore les prêtres fardés de Cybèle et tous les dieux de l'Orient, Attis, Sérapis, Mithra, et surtout celui qui fera l'étonnement de toute l'antique civilisation et le juste effroi de la vieille Rome, celui pour lequel il n'y a ni riche ni pauvre, ni Grec, ni Barbare, ni Romain, ni Scythe, le révélateur doux et tout-puissant de la Bonne Nouvelle, la pure et mystérieuse fleur de la Palestine, le fruit sanglant et précieux du Salut universel : JÉSUS-CHRIST.

Le christianisme parvient rapidement à dominer, malgré les persécutions unanimes, à cause d'elles, dirons-nous, le cosmopolitisme banal des religions de l'Orient, immorales et décevantes, ainsi que le culte utilitaire et tout aussi superstitieux de la vieille Rome.

Le gladiateur barbare, exposé aux bêtes ou à ses compagnons de captivité pour la distraction du peuple assemblé, le chrétien, même citoyen romain, traité de pareille sorte, à cause de sa foi nouvelle qui ne veut point souiller son Christ à la promiscuité du Panthéon, se rencontrent l'un et l'autre dans l'arène, et, compagnons d'infortune destinés plus tard à être compagnons de triomphe, se parlent, s'entendent, se consolent, et, mêlant leur sang, unissant leurs chairs broyées, fraternisent dans leur agonie victorieuse, font éclore le monde nouveau.

V

L'évhémérisme et l'Académie.

Le monde est conquis, Carthage et Corinthe et Numance ! la Grèce et l'Orient pénètrent toujours plus étroitement à Rome ; les divinités énervantes de l'Egypte et de la Syrie prennent place auprès des dieux de la Grèce qui avaient eux-mêmes remplacé dans la faveur publique ceux de l'antique Latium. Les dieux romains qui, à vrai dire, n'avaient jamais eu de personnalité poétique, firent place, parmi les multitudes, à des divinités plus séduisantes et plus dangereuses, tandis que sous couleur de philosophie grecque, le scepticisme et l'athéisme même se répandaient toujours davantage dans les classes cultivées.

L'évhémérisme ouvrit naturellement la porte aux doctrines d'Arcésilas et de Carnéade, c'est-à-dire à ce scepticisme raffiné qui s'appelait le probabilisme, et par lequel la nouvelle Académie, infidèle à l'ancienne, prétendait tenir la pensée humaine dans un scepticisme honnête, lui permettant de tout admettre au point de vue pratique et de tout contester au point de vue idéal.

Mais ces subtilités se heurtaient au sens concret de la moyenne des Romains.

Ennius l'avait déjà remarqué :

Philosophandum est paucis, nam omnino haud placet.
(Gellius. V. 15).

Ce peuple superstitieux était éminemment sceptique, et lorsque le sceptique Ennius déclarait que « les dieux ne s'occupent point des affaires de ce monde », c'était aux applaudissements de la multitude : *Magno plausu assentiente populo* (Cic. *De divinat,* II, 50).

Il lui fallait, à ce peuple, des philosophes pratiques comme lui et des morales éloignées de toute métaphysique. De là, le triomphe rapide et bientôt exclusif des doctrines d'Epicure et de Zénon.

Ne nous y trompons pas ; même dans l'adaptation de ces systèmes grecs, les Romains, les poètes romains ont su rester eux-mêmes. On prétend que la Grèce a conquis Rome ; l'esprit latin n'a jamais pu abdiquer entièrement. Les Grecs eux-mêmes ne se sont pas fait illusion sur leur triomphe linguistique ou philosophique ; même quand on parlait grec à

Rome, on pensait latin. Au moment où leurs mots et leurs doctrines semblaient conquérir le Latium, avant même la conquête de la Grèce et sa transformation en province romaine, les vieilles cités des Hellènes élevaient des statues et des monuments à la déesse Rome.

En grec, le mot Rome (Ῥώμη) signifie force. (Cf. l'hébreu רום).

En dehors de son nom profane, Rome avait encore deux noms, l'un sacerdotal, l'autre secret. Munster (*De occulto urbis Romæ nomine*), a minutieusement recueilli tout ce qui peut nous instruire sur ce nom secret, sans parvenir à nous l'enseigner, tant ce nom a été divulgué de manières diverses et contradictoires par les Latins.

Pline (*Hist. nat.* III, 5) nous dit que le nom sacerdotal de Rome était Flora (de Flos, fleur, élite), ou Anthusa, sans doute d'ἄνθος, traduction grecque. Lorsque Sylla eut dévasté l'Etrurie, il choisit une place dans la vallée de l'Arno, y fonda une ville et la nomma d'après ce nom mystérieux de Rome Flora, *Florentia*.

Le nom secret de Rome serait l'anagramme même de Roma, Amor, ou Eros, Ἔρως, l'Amour grec. Pline nous apprend que d'autres disent Valentia, de *valere*, ce qui aurait encore le même sens que Roma et que Flora.

Quant au nom d'Angerona dont parle aussi Pline, il n'a que la valeur d'un symbole. Angerona était la déesse du silence, et dire que c'était là le nom mystérieux de Rome, signifiait simplement que ce nom devait être tenu fort secret. Il était, en effet, très sévèrement défendu de le prononcer, ce nom qui était celui de la divinité tutélaire de la ville, parce que, tant qu'il restait inconnu, les prêtres des autres villes ne pouvaient détourner cette divinité à leur profit, en lui promettant un culte plus honorable encore, *ampliorem honorem* (Plin. H. N. XXVIII, 4).

Rome était adorée comme une divinité, dans sa propre enceinte, et dans un temple particulier (Tite Live XLIII, 6).

Et, comme nous venons de le dire, les Grecs, loin d'avoir pour Rome cette haine que l'on porte ordinairement à un maître étranger, avaient envers elle de la vénération, lui élevaient des temples dès 195 : *primos templum urbis Romæ statuisse* (Tacite, *Annal.* IV, 56). V. aussi Tite Live XI : III, 6)[1].

Rome, de son côté, s'initia pesamment à la culture grecque, sans se laisser dominer par elle. Le grammairien enseigne à ses élèves les deux langues à la fois, mais le citoyen laissera tous les beaux-arts, la

---

[1] Ce culte de Rome survécut même à la puissance romaine. Au milieu des invasions barbares, Claudien et Rutilius célèbrent encore la *divinité* et l'*éternité* de Rome.

danse, le chant, la musique, aux jongleurs grecs qu'il méprisera profondément. S'ils acceptent les Grecs comme pédagogues, ils ne prennent de leur enseignement que ce qui leur convient. Ces Grecs sont, pour la plupart, des esclaves, et toujours des inférieurs. Il y a, dans cette méfiance instinctive, plus que ce sentiment d'inepte supériorité que nous trouverons chez les seigneurs du moyen âge se vantant dans les actes publics et les contrats de ne pas savoir écrire, même leur nom ; le Romain, guerrier et pratique, se méfiait de la Grèce décevante, enchanteresse, absorbante, et a su lui résister dans le fond. Il ne saura pas échapper ainsi aux dogmes et aux rites plus ténébreux, plus troublants, plus morbides de l'insidieux Orient.

VI

L'adaptation latine.

Au milieu de cette Rome que la mollesse et le raffinement résultant de ses prodigieuses conquêtes envahissaient toujours davantage, le vieux bon sens romain trouva un représentant dans la personne de Lucilius. Il est le créateur de la satire, telle que la littérature classique la comprend. Ce genre, tout latin, comme dit Quintilien, ignoré des Grecs, comme dit Horace [1], convenait, dans son rythme libre en-

---

[1] Satira quidem tota nostra est, in qua primus insignem laudem adeptus est Lucilius (Quintil. L. 10, VI, 1). Horace dit de même de Lucilius, qu'il fut

> . . . . . Græcis intacti carminis auctor.

c'est-à-dire « inventeur d'un genre *littéraire* que les Grecs n'avaient pas abordé. » (Hor. I. Sat. X, 66).

Le mot *auctor* ne signifie point ici *inventeur* dans le sens absolu du mot, au moins pour ce qui concerne les latins qui possédaient la satire avant Lucilius. Mais jusqu'à lui, la satire avait été dramatique et bouffonne ; Ennius ne fixa point ce genre. Lucilius le constitua, sauf qu'il ne lui assigna point encore un mètre uniforme. Il créa la *satire littéraire*.

core, à ce brave homme, indépendant et cultivé, qui, sans vouloir revenir à la rusticité grossière du vieux Caton, comprenait le tort prodigieux que faisaient et que feraient toujours davantage à la chose romaine les mièvreries d'une Grèce décadente.

Horace qui trouve les vers de Lucilius sans grâce et sans art, et faits avec trop de rapidité :

> Nam fuit hoc vitiosus, in hora saepe ducentos
> Ut magnum versus dictabat, stans pede in uno.
> (I. Sat. IV. 8-9).
> Nempe incomposito dixi pede currere versus
> Lucili. . .   (I. Sat. X. v. 1,2).

Horace, disons-nous, rend hommage à Lucilius, comme inventeur de la satire, et aussi pour son honnête et sa rude franchise :

> . . . . Lucilius ausus
> Primus in hunc operis componere carmina morem
> Distrahere et pellem, nitidus qua quisque per ora
> Cedere introrsum turpis. . . .
> Primores populi arripuit populumque tributim
> Scilicet uni aequus virtuti atque ejus amicis.
> (II. Sat. I. v. 64-72).

Quoi qu'en ait dit Horace, c'était un homme de goût qui s'éleva contre les expressions trop minutieusement recherchées, « petits casiers d'une mosaïque, assemblage de marqueterie, œuvres de gens qui « rhétorisent » trop :

> Quam lepide lexeis compostae ut tesserula omnes,
> Arte pavimento, atque emblemate vermiculato
> Crassum habeo generum : re *rhetoreticos* tu sis.
> Cic. *in Oratore*, L. III.

Ailleurs (Cic. *de finibus*), il s'adresse au même personnage, Albutius, pour lui reprocher les nombreuses expressions grecques dont, comme beaucoup de ses contemporains, il aimait à émailler ses discours : χαῖρε, inquam, Tite, etc.

Il n'est pas douteux que le fond de la morale de Lucilius ne soit stoïcien, d'un stoïcisme pratique et terre à terre, c'est-à-dire romain, et l'influence de Panætius est ici visible : « La vertu, dit-il dans un fragment que Lactance nous a conservé, c'est de savoir ce qui est droit, utile, honnête, ce qui est bien, ce qui est mal,..... c'est de savoir mettre un terme au désir d'amasser, d'honorer ce qui mérite de l'honneur, d'être l'ennemi public et privé des méchants et des vicieux, de défendre les hommes de bien,.... de mettre en première ligne les intérêts de la patrie, en seconde ceux de nos parents, en dernière les nôtres. » (Lactance. *Div. inst.*, l. VI, c. 5.)

C'est aussi Lactance (IV, 5) qui nous a conservé le tableau vivant du peuple romain au Forum, où chacun cherche à en imposer et à nuire :

> . . . Verba dare ut caute possint pugnare dolose
> Blanditia certare, bonum simulare virum se.
> Insidias facere ut si hostes sint omnibus. . .

Nous ne possédons que quelques phrases détachées des nombreuses tragédies du trop docte Pacuvius et de cet Attius qui sut plaire à la fois à ces juges difficiles, Horace et Cicéron.

Il ne nous reste donc pas une seule des tragédies écrites par Livius Andronicus, Nævius, Ennius, Pacuvius, Attius et les autres, pas même une scène qui puisse nous permettre de nous faire une opinion personnelle à leur sujet. Ils furent cependant très goûtés de leur vivant, et bien après leur mort. Horace, parfois assez dur pour ces vieux écrivains, leur rend un brillant hommage dans ce passage où il les groupe en quelques vers :

> Ennius et sapiens et fortis. et alter Homerus,
> Ut critici dicunt, leviter curare videtur,
> Quo promissa cadant et somnia Pythagorœa.
> Nævius in manibus non est et mentibus hæret
> Pæne recens, adeo sanctum est vetus omne poema !
> Ambiguitur quoties uter utro sit prior ; aufert
> Pacuvius docti famam senis, Accius alti.
> Dicitur Afrani toga convenisse Menandro ;
> Plautus ad exemplar Siculi properare Epicharmi ;
> Vincere Caecilius gravitate, Terentius arte. . .
>
> (Horat. II. Epist. I, 50-59).

Donc, au témoignage d'Horace, Pacuvius était plus savant ; Attius avait plus d'élévation (ou de profondeur).

Les pièces de ces écrivains étaient sans doute de ces imitations grecques que l'on admirait alors de confiance, parce qu'elles étaient grecques. Imitant de préférence Euripide, Pacuvius se rattachait aux doctrines plus humaines que transcendantes d'Anaxagore et de Socrate. Attius imita surtout Eschyle, et avec lui encore, la tragédie est plutôt affaire d'éloquence que de poésie. Le Romáin pratique

goûte peu les fables et la mythologie; aussi s'inté-
resse-t-il peu aux rares essais de tragédies natio-
nales, même quand elles ont pour auteurs Nævius,
Pacuvius ou Attius.

Les farces atellanes [1] eurent plus de succès, et
c'est dans ce genre assez retenu dès son origine, et
bientôt très libertin, que se réfugia, en fin de compte,
la liberté bannie de partout ailleurs. Du haut de ces
tréteaux partirent les sanglantes allusions qui ven-
geaient, en quelque sorte, l'humanité outragée par
les crimes des Césars.

L'opposition républicaine et stoïcienne put assez
longtemps se manifester derrière ces masques grotesques, comme, sous son gros rire, Rabelais a pu
fustiger les bourreaux dogmatiques, et sots autant
que féroces, du XVIe siècle.

---

[1] *Atellanæ fabulæ* ou *fabellæ*, ou absolument *Atellanæ*. Ce
nom donné comme origine à ces représentations Atella, ville
de la Campanie, entre Naples et Capoue. C'étaient quelquefois
des pastorales héroïques (v. Suétone, *Vie de Domitien*), parfois aussi un mélange de tragique et de comique, mais, le plus
souvent, des pièces purement comiques. Elles furent d'abord
si bien vues qu'elles étaient jouées par les jeunes gens du
meilleur monde. Contrairement aux autres comédiens, les
« Atellans » conservaient les droits et les privilèges du citoyen.
Ils portaient un masque et jouirent, même sous les empereurs
les plus ombrageux, d'une incroyable liberté de critique.
Les Atellanes perdirent peu à peu leur décence, déjà très
relative, à mesure que les mœurs se corrompirent; Cicéron
s'en plaint déjà ; elles devinrent plus tard de vraies écoles de
prostitution. Aussi plaisaient-elles beaucoup à Héliogabale.

Ne connaissant rien des écrits de Novius, ni de ceux de Pomponius, si vantés de leurs contemporains, nous ne saurions dire à quel système philosophique ils se rattachent, ni même si, dans leurs bouffonneries, ils ont eu l'idée d'en professer un. Nous dirons de même d'Afranius, poète comique et national, fort loué lui aussi des auteurs latins (Cicéron, V. Paterculus, Horace, etc.), et qui, tout bien compté, semble, quoique *togatarum auctor*, n'avoir été qu'un imitateur des Grecs.

Varron a beaucoup écrit ; il se vantait dix ans avant sa mort d'avoir produit quatre cent quatre-vingt-dix livres, et il ne cessa d'écrire jusqu'au dernier moment. Il ne nous reste de ces innombrables productions, traitant de tous les sujets, que quelques fragments plus ou moins étendus ; les traités les moins mutilés, le *de Lingua latina* et le *de Re rustica*, sont sans utilité pour notre travail.

Varron mêla dans ses écrits la prose et les vers ; il nous appartient par ces derniers. Célébré par tous les auteurs romains et même par Pétrarque, qui le place au rang de Cicéron et de Virgile, l'auteur des satires *Ménippées* n'est pas tendre pour la philosophie : « Jamais, dit-il, un malade n'a fait de rêve si absurde qu'un philosophe ne l'ait érigé en système ». A quel système philosophique se rattachait ce Romain véritable, qui professait pour la métaphysique un mépris semblable à celui que montrera Pascal? D'après Cicéron, il aurait tenu pour l'Académie que représentait alors Antiochus d'Ascalon. Notons cependant que le bon sens éclectique de Rome ne se prêtait guère à la rigidité orthodoxe d'un seul système. M. Mommsen le fait osciller entre le stoïcisme, le cynisme, et le pythagorisme auquel il ne nous semble guère s'être attaché que par l'ordonnance toute pythagoricienne qu'il fit lui-même de ses funérailles : cercueil de briques avec feuilles de myrte, d'olivier et de peuplier noir…. Ce pédantisme posthume d'un érudit ne nous empêchera pas de le placer au rang des sceptiques, dont l'Académie était alors l'expression. Il ne croyait pas aux fables de la mythologie, mais pensait comme Voltaire qu'il faut une religion pour le peuple. Aussi admettait-il trois théologies : l'une, mythique, et bonne pour la poésie et le théâtre ; l'autre, naturelle, à l'usage des philosophes, et la troisième, civile, à l'usage des citoyens, frein nécessaire à la multitude, moyen de police et de gouvernement. Ce sera plus tard le sentiment des empereurs, dont les meilleurs persécuteront les chrétiens pour n'avoir pas voulu s'y conformer.

VII

Lucrèce et l'Epicurisme.

Epicure a beaucoup gagné à être traduit par Lucrèce, et il est étrange de voir un disciple si original d'un maître qui l'est si peu. Assurément, rien, dans ce système banal, n'avait été de nature à enthousiasmer la Grèce si fertile en spéculations, ni à disputer ensuite aux Stoïciens, et à le leur enlever, l'empire du monde. C'est ici qu'il se faut bien pénétrer de cette vérité trop méconnue que ce ne sont pas les hommes qui créent les circonstances, mais que ce sont les circonstances qui engendrent les hommes et leurs systèmes. Epicure est un produit de son époque, produit médiocre d'une époque de décomposition ; elle s'est reconnue en lui :

Le temps était passé des gloires militaires et des orageuses libertés d'Athènes et de la Grèce ; passé aussi le temps des spéculations de Platon et d'Aristote lui-même. Alexandre venait de mourir, laissant en proie à d'affreuses convulsions le monde qu'il avait pour un moment réuni sous son épée, et que ses généraux couvraient de sang et mettaient en lambeaux pour s'y tailler des royaumes. La Grèce, parcourue en tout sens, et mise à sac par les armées des rivaux, humiliée, avilie, ne croyant plus ni à ses dieux, ni à son propre génie, avide de repos, d'inaction, de sommeil, écouta voluptueusement la voix de celui qui lui disait que les lois de la nature sont inéluctables, que le bonheur consiste seulement à les connaître et à y conformer sa vie apaisée.

Si les Grecs idéalistes étaient tombés à ce point de misère qu'ils écoutèrent cette voix, qui était la voix même de leur désenchantement et de leur propre décadence, combien plus aisément devait-elle être entendue du Romain positif dont l'Orient conquis se vengeait en le dégradant!

Ajoutons, aussi, que l'idéale langue des Grecs ne se prêtait guère, même dans sa prose, à l'exposition de doctrines si terre à terre; mais que la merveilleuse poésie de Lucrèce, toute latine, parvient à donner, par son enthousiasme sombre, mélancolique et contenu, une vie véritable et une sorte de charme à ces banales abstractions qui n'ont pour elles ni l'élévation, ni l'antiquité. ni le charme de celles que nous propose, à travers toute la littérature hellénique, le merveilleux polythéisme naturaliste que nous aimons toujours sans y croire, et qui vibre encore à nos oreilles, après tant de siècles, des cordes rompues de la lyre d'Orphée.

Si nous n'avions que les écrits d'Epicure, que nous n'avons pas, du reste (rien de ses trois cents volumes ne nous étant parvenu, que quelques fragments et une partie de son traité *sur la Nature*, découvert de nos jours dans les ruines d'Herculanum), nous aurions peine à nos expliquer le succès philosophique d'une semblable doctrine. La physique, la canonique (c'est-à-dire la logique), la morale enfin d'Epicure, nous surprennent par leur manque d'originalité. Ses disciples nous étonnent de la même manière.

Il n'y a rien dans ce système qui ne relève d'Anaxagoras, d'Archélaüs et surtout de Démocrite. Il est seulement moins métaphysicien, plus vulgaire, plus terre à terre que ce dernier. Il lui emprunte son principe fondamental que les idées viennent des sens ; que les objets extérieurs émettent sans cesse des sortes d'effluves qui frappent les sens, et par le moyen des nerfs, arrivent à l'âme pour y produire la sensation. Seulement, comme les sensations sont diverses et ont besoin d'être contrôlées pour éviter l'illusion, et que d'autre part, la raison ne saurait être ce contrôle puisqu'elle dépend elle-même de la sensation, Epicure établit pour se tirer d'affaire, dans quatre *canons*, où il prétend tout concilier, que : 1° les sens ne trompent jamais ; 2° l'erreur ne tombe que sur l'opinion ; 3° l'opinion est vraie lorsque les sens la confirment ou ne la contredisent pas ; 4° l'opinion est fausse lorsque les sens la contredisent ou ne la confirment pas. Il est inutile d'insister sur la fragilité de ces *canons*; la fin des deux derniers est visiblement contradictoire ; et puis, tout le système part d'un acte de foi : la réalité des êtres.

De même la théorie des *anticipations*, qui ne sont que des généralisations de l'expérience sensible, les souvenirs d'objets extérieurs qui nous sont souvent apparus et dont Epicure fait les sources de la vraie connaissance !

Vienne un philosophe qui conteste l'infaillibilité des sens, qui proclame la contingence des notions et des êtres, et l'épicurisme sera confondu et très justement contraint de faire place au scepticisme absolu.

C'est encore de Démocrite qu'Epicure tire sa physique, à savoir son système des atomes. Seulement à la *forme* et à la *solidité* de ces principes élémentaires, il joint la *pesanteur*, et fait découler de ces trois propriétés le *mouvement vertical*, qui, à un certain moment, vient à dévier un peu, ce qui fait que les atomes se rencontrent alors, s'accrochent de diverses manières, se combinent et..... le monde se trouve engendré! Les âmes, en particulier, sont faites d'atomes tout ronds, pour qu'ils puissent glisser plus aisément et former ainsi la mobilité de l'esprit.

La morale découle de ce principe que « le seul bien de l'homme est le bonheur. » Qu'est-ce que le bonheur? C'est le plaisir, ou plutôt le plaisir est le moyen d'arriver au bonheur... Et comme les plaisirs des sens laissent après eux du regret et de la douleur, de tous les moyens de plaisir, le plus efficace, c'est la vertu! Etrange illogisme pour un matérialiste! Malheureusement, ses disciples ont été plus conséquents que lui.

Les seuls amis de la volupté affluent dans leurs écoles, sans qu'il en sorte jamais une seule idée originale, un seul homme éminent. Seul, notre Lucrèce, par sa merveilleuse poésie, s'est montré véritablement initiateur et vulgarisateur; seul, il a su donner une apparence de vie à ce système de mort; seul, il a su revêtir ce banal et fastidieux squelette, d'un manteau de pourpre et d'or. On est tellement captivé par sa poésie nerveuse et brillante, que l'on croit avoir affaire à quelques doctrines ou à quelques idées; les doctrines sont recueillies de partout, les idées sont rebattues et souvent contradictoires. On s'aperçoit bientôt, après quelques réflexions, que l'on a admiré comme on le devait, non le squelette, mais la draperie, la forme et non pas le fond.

La condamnation d'Epicure est dans l'usage que l'on a fait de sa morale, laquelle valait infiniment moins que lui, à en croire l'antiquité qui n'a cessé de vanter ses vertus. Ses dieux qu'il a relégués dans les intermondes, ses dieux qui ne font rien, qui ne sont rien et que Lucrèce nie d'ailleurs et bafoue le plus qu'il peut, ont été, créations de son esprit, les créateurs de son éthique. Le sage épicurien ne se préoccupe pas du monde plus qu'eux ; il évite les ennuis et les devoirs, les nobles soucis et les hautes responsabilités de la vie publique, jusqu'au jour où les disciples s'aviseront de rechercher des joies plus actives, des voluptés moins négatives, et choisiront, selon leur tempérament, les grossiers plaisirs, les jouissances matérielles, comme les Romains de la décadence, ou, saisis d'ennui, la mort, comme Lucrèce, s'il est vrai que Lucrèce se soit suicidé comme un simple stoïcien.

VIII

Le poème de Lucrèce.

.Lucrèce est le plus grand poète, nous dirons même le plus grand écrivain philosophique romain; il professe une doctrine peu originale, mais qu'il sait faire sienne, avec un emportement passionné. Son poème, de la « Nature des choses », dédié à. C. Memmius, le voluptueux descendant d'une illustre famille [1], nous est, dans ses six livres, parvenu à

[1] Quos ego *(versus)* de rerum natura pangere conor
Memmiadæ nostro, quem tu, Dea, tempore in omni
Omnibus ornatum voluisti excellere rebus.   I, v. 26.

Il s'agit ici de C. Memmius Gemellus, adversaire violent de Lucullus, tour à tour préteur, tribun du peuple, exilé pour avoir brigué le consulat, et mort à Athènes où il s'était fait construire une maison sur un terrain où se trouvaient les jardins d'Epicure. Il était neveu de ce fameux C. Memmius à qui Salluste prête les discours les plus violents contre les nobles : « C. Memmius, tribunus plebis designatus, vir acer et infestus potentiæ nobilitatis (Jugurtha, XXVII).

peu près en entier. Nous n'avons pas à en faire l'analyse littéraire, mais nous croyons qu'Epicure lui-même, tout Grec et tout chef d'école qu'il ait été, eût reconnu que ce Romain lui a prêté plus d'esprit qu'il n'en avait, et a réussi plus que tous ses disciples à transmettre sa doctrine à la postérité.

Dans les premiers livres qu'ouvre la magnifique invocation à Vénus :

> Æneadum genitrix, hominum divumque voluptas
> Alma Venus, cœli subter labentia signa
> Quae mare navigerum, quae terras frugiferenteis
> Concelebras ; per te quoniam genus omne animantum
> Concipitur, visitque exortum lumina solis :
> Te Dea, te fugiunt venti, te nubila cœli.
> Adventumque tuum ; tibi sitaveris dædala tellus
> Summittit flores, tibi rident æquora ponti.
> Placatumque nitet diffuso lumine cœlum, etc...

il expose, avec autant de majesté que de poésie, la doctrine des atomes et la matérialité de l'esprit.

Le pompeux éloge d'Epicure que fait Lucrèce nous montre à la fois l'ardeur enthousiaste du poète pour les doctrines de ce philosophe, son dédain pour les dieux sans consistance et sans utilité qu'Epicure a eu la méprisante pitié de conserver, quoique tout à fait inutiles, et son horreur pour la religion qu'il considère comme la cause de tous les maux et de tous les crimes :

> Humana ante oculos fœde cum vita jaceret
> In terris oppressa gravi sub Relligione, . . .
> Primum Graius homo mortaleis tollere contra
> Est oculos ausus, primusque obsistere contra :
> Quem nec fama Deum, nec fulmina, nec minitanti

> Murmure compressit Cœlum, seds eo magis acrem
> Virtutem irritant animi, confringere ut arcta
> Naturæ primus portarum claustra cupiret. etc. [1].

Nous ne prolongerons pas nos citations ; l'ouvrage est tout entier à citer, ou plutôt à lire.

Aux livres suivants il établit l'origne toute sensitive de nos idées ; il erre lourdement lorsqu'il aborde soit l'amour qu'il réduit à une fonction physique,

> Sollicitatur id in nobis. . . .
> Semen, adulta ætas cum primum roborat æstas
>
> . . . .
>
> Namque volupiatem præsagit multa cupido :
> Hæc Venus est nobis, hinc autem'st nomen amoris [2].

soit les corps célestes, desquels il dit que leur volume réel n'est pas supérieur à leur volume apparent :

> Nec nimio Solis major rota. nec minor ardor
> Esse potest, nostris quam sensibus esse videtur . . .
> $$\text{L. V. v. 565.}$$
> Lunaque. . . .
> . . . . nihilo fertur majore figura
> Quam nostris oculis quam cernimus, esse videtur. . .
> $$\text{Id. 575 sq.}$$
> Postremo, quoscumque vides hinc ætheris igneis
> Quandoquidem, quoscumque in terris cernimus igneis.
> $$\text{Id. 585.}$$

[1] Voir aussi le début du Liv. V et en particulier le vers 8 :

> Dicendum'st : Deus ille fuit, Deus, inclute Memmi !

[2] Voir toute la fin du Liv. IV. depuis le vers 1030. Le commentateur Thom. Creech dit à ce sujet, dans son argument du Liv. IV : « De amore, sterilitate, fecunditate. etc., liberius forsan et apertius quam par erat (sed Philosophi in hisce rebus sibi maxime indulgent) disputat. » Ce linguiste assurément n'aime pas les philosophes.

La négation des antipodes est heureusement compensée par l'histoire véritablement inspirée de l'origine et de l'évolution des produits de la terre : les plantes, les arbres, les animaux, l'homme. L'âge d'or est ici convaincu d'inanité, tout comme l'état de nature, si cher aux hommes du XVIIIe siècle.

Les météores, étudiés au VIe livre, fournissent à Lucrèce l'occasion de donner une cause naturelle à tous les phénomènes célestes qui épouvantent les humains ; et, quoi qu'en disent les commentateurs, la peste d'Athènes que Lucrèce y décrit d'après Thucydide, et qu'il attribue avec vraisemblance à de fétides exhalaisons, est plus dramatique que les pestes décrites par Virgile ou par La Fontaine. Constatation étrange et difficile à comprendre pour tout défenseur banal des idées reçues, ce poème matérialiste est un poème d'enthousiasme, ce livre athée est un livre de foi, non seulement pàrce que Lucrèce est un grand poète, mais parce qu'il est un homme de cœur ; il aime la vérité, il croit la posséder, il désire la donner à ses semblables. Il estime avoir trouvé la paix et le repos ; il en veut faire profiter les crédules mortels qui peinent, s'essoufflent et se consument à la recherche de chimères frivoles. Il sait demeurer très Romain au sein de son épicurisme. C'est ce but pratique qui le fait poète et surtout orateur, et qui le met si fort au-dessus d'Empédocle et d'Epicure, ses ancêtres, ses maîtres grecs. Rien dans son poème, pas plus que dans la doctrine d'Epicure lui-même, qui soit de nature à effaroucher le moraliste le plus austère, et bien des idéalistes et des mystiques pourront prendre leçon auprès de lui. La *crainte* de Dieu pendant la vie et après la mort, c'est-à-dire la peur de l'Achéron, du Tartare et des Furies, ne sauraient déterminer un homme à bien vivre, sinon une basse et servile nature.

Ici, il nous semble que Lucrèce a raison. En effet, selon nous, ce serait une religion très inférieure, et même très peu religieuse, quelque nom qu'on lui donnât, que celle qui enseignerait la vertu par l'intérêt, et montrerait que le bien doit être fait pour avoir sa récompense dans ce monde ou dans l'autre. Honorer son père et sa mère, dans l'espérance de « prolonger ses jours », ou se bien conduire pour aller au « Ciel », est une manière grossière d'entendre et de pratiquer la vertu.

Ce sentiment égoïste était au fond du naïf héroïsme de bien des premiers chrétiens, qui provoquaient par leurs violences les païens à les massacrer, jusqu'au jour où les évêques menacèrent d'excommunication tous ceux qui se feraient tuer sans nécessité. Ce calcul est très bien exposé par Polyeucte, parlant de la félicité céleste :

Mes crimes, en vivant, me la pourraient ôter ;
Pourquoi mettre au hasard ce que la mort assure ?
Quand elle ouvre le ciel peut-elle sembler dure ?
(P. Corneille. *Polyeucte*. Act. II, sc. 6).

Que de gens font l'aumône dans le même but ? Victor Hugo nous le fait observer en termes incisifs :

« A partir de ce sermon, on remarqua que M. Géborand, un
« riche marchand retiré, donnait tous les dimanches un sou
« aux mendiantes du portail de la Cathédrale. Elles étaient six
« à se partager cela. Un jour l'évêque le vit faisant sa charité,
« et dit à sa sœur : *Voilà M. Géborand qui achète pour un*
« *sou de paradis.* » (Les *Misérables* 1, ch. 4.)

Le propre de la vertu est le désintéressement : on *doit* aimer Dieu parce qu'il est Dieu ; on doit rechercher le Vrai, le Beau et le Bien pour eux-mêmes ; l'Amour trouve en soi sa suffisante récompense. C'est ce qu'ont si bien compris les Stoïciens ; c'est ce que cette nonne ardente exprimait en ces termes étranges et saisissants : « *Que je sois damnée, pourvu que je vous aime, ô mon Dieu !* »

A ce point de vue du but de la vie et de la notion du vrai bien, le matérialiste Lucrèce s'accorde donc avec les chrétiens les plus sincères et les plus profonds, avec les jansénistes, les quiétistes, les mystiques de toute école, et nous semble plus rapproché de l'idéal éthique et religieux que tous les pratiquants utilitaires et calculateurs.

Au demeurant, selon Lucrèce, l'*après* de la vie ne peut pas plus effrayer que l'*avant :* d'où il ne résulte pas que l'homme, débarrassé des promesses illusoires ou des vaines terreurs d'un monde à venir, se puisse livrer impunément aux plus grossières voluptés du monde présent. Les folles passions, la recherche des faux biens, les désirs toujours poursuivis et toujours inassouvis, troublent l'âme et affaiblissent le corps, éloignent du doux repos que recherchent à la fois la sagesse et la santé. Il y a plus de bonheur sous le toit de chaume que dans le palais des grands. La vertu, la sagesse, le bonheur : trois synonymes ; et c'est là la volupté que réclament, que recommandent et le philosophe Épicure et le poète Lucrèce.

IX

L'opposition à César.

On n'a guère accoutumé de séparer les élégiaques de ce temps ; cependant nous ne pouvons pas distraire Catulle de son contemporain Lucrèce, ne fût-ce que parce qu'il fit partie de la suite du préteur Memmius auquel Lucrèce dédia son poème.

D'ailleurs on trouve dans ses vers une énergie, une fierté républicaines que n'a pas connues le siècle d'Auguste proprement dit.

Au point de vue philosophique, Catulle ne peut nous apparaître que comme moraliste, et encore comme un moraliste fort immoral. Ennemi de César et de ses favoris, il flétrit les pratiques de la lubricité dans des termes plus lubriques, si c'est possible.

Catulle, républicain, ne cesse d'attaquer J. César, et ses divers favoris, surtout Mamurra, qu'il désigne souvent sous un sobriquet obscène. Quelques violentes que soient ces attaques (v. LVII) :

> Pulchre convenit improbis cinaedis
> Mamurrae pathicoque. Caesarique. . . .

il ne paraît pas que César lui ait jamais tenu rigueur[1], et il continua toujours à le faire asseoir à sa table. Il le laissait, ainsi que ses soldats qui le traitaient de chauve adultère (*mœchus calvus*). dire tout le mal possible de ses mœurs. César n'était pas susceptible sur ce point.

Ce sont les épigrammes de Catulle que l'on préfère ; ses poèmes (*Les Noces de Thétis et de Pélée, la Chevelure de Bérénice.* etc.), étant surtout des imitations des Alexandrins. Ces épigrammes sont pour la plupart des phaleuces[2] ; il se sert aussi de l'iambe, et parfois, il se plaît à écrire ce vers avec la pureté de Simonide et d'Archiloque, soit en le composant de six iambes purs :

> Phaselus ille quem videtis hospites
> Ait fuisse navium celerrimum, etc.
>
> C. IV.

On s'est disputé, bien à tort, pour décider quelles épigrammes valaient mieux de celles de Catulle ou de celles de Martial. Nous estimons avec Muret que « Martial est à Catulle ce qu'un vil bouffon est à un

---

[1] Urbani, servate uxores ; mœchum calvum adducimus ...

[2] ou *phaléciens* : tirant leur nom de Phalèque (Φάλαικος), leur inventeur. Catulle les appelle *hendécasyllabes*, à cause de leur structure.

homme de bonne compagnie », malgré l'avis contraire de Juste Lipse et de Scaliger. L'ami du car-
dinal Bembo, le sénateur vénitien Navigero, poète
latin très pur, avait consacré aux Muses un certain
jour de l'année, où il sacrifiait, en le jetant dans les
flammes, un volume de Martial, aux mânes de Catulle.

Ce poète s'est aussi exercé avec succès dans la
distique, qu'Ovide portera à la perfection. C'est sur
ce mètre qu'il se plaint de l'ingratitude humaine en
homme qui l'a éprouvée :

> Desine de quoquam quidquam bene velle mereri
> Aut aliquem fieri posse putare pium,
> Omnia sunt ingrata ; nihil fecisse benigne est,
> Immo etiam taedet, taedet obestque magis.
> (CLXXIII).

Sa satire en ferait un stoïcien, son libre langage
et sa vie plus libre encore, en font un épicurien
pratique. N'insistons pas, c'est un élève des Alexandrins, mais un Romain encore, au sein même de ses
imitations.

Il serait étrange que nous eussions l'idée de profiter de ce que Cicéron a fait un certain nombre de
méchants vers, et même une traduction des « Phénomènes » d'Aratus, pour étudier, sous ce frivole
prétexte la philosophie du prince de l'éloquence romaine, de l'aimable et prolixe auteur de tant d'ouvrages qui se réclament surtout de la morale et

qu'aucun système ne peut réclamer. Epicurisme et stoïcisme, — quoiqu'il ait raillé le stoïcisme de Caton et les dieux d'Epicure ; — platonisme, pythagorisme même. tout se fond et se confond dans l'encyclopédique bienveillance, toujours attrayante cependant, et fréquemment fortifiante, de l'auteur du *De officiis*.

La lutte séculaire des patriciens et des plébéiens, celle de la liberté républicaine et de l'égalité démagogique, a fini par se résoudre dans l'empire. L'aristocratie s'était trop identifiée avec les anciennes institutions ; la démocratie, vaincue avec les Gracques et Marius, s'était livrée à César en passant par Catilina, dont César était peut-être le secret protecteur, et dont il fut à coup sûr le défenseur discret au Sénat, et le successeur heureux.

Cependant, quelques protestations de plus en plus faibles et de plus en plus impuissantes se produisent encore, surtout dans les *Mimes*.

Les mimes, on le sait, n'étaient pas seulement des « pantomimes », c'étaient des pièces d'un bas comique. Le nom de *mimes* était aussi donné aux acteurs. Voyez *Satyricon* LXXX : « Grex agit in scena mimum. »

Ce mot de *grex* (troupe, troupeau) suffit pour réfuter l'opinion qui veut que les mimes aient été des pièces jouées par un seul acteur[1]. Voir d'ailleurs Horace (Epit. l. I. XVIII, v. 14).

Ces pièces étaient peu honorées à cause de leur nature inférieure, mais encore et surtout comme se rapprochant de la danse, aussi méprisée des Romains qu'honorée des Grecs : « Scimus enim musicem nostris moribus abesse a principis persona, saltare verum etiam *in vitiis poni*, quæ omnia apud Græcos, et grata, et laude digna ducuntur » (Corn. Nepos. *Epaminondas*, I). Cicéron estime aussi que l'épithète de danseur est la plus grave des injures, et que nul ne peut s'aviser de danser s'il n'est ivre ou fou (v. *Pro Murena*).

Cependant cette horreur de la danse se changea promptement en passion pour cet exercice, et surtout pour la cordace, danse grecque si dissolue que le Sénat dut, sous Tibère, chasser de Rome tous les danseurs et les maîtres de danse. Mais le mal était fait : la jeunesse même la plus noble, prit la place des danseurs; puis, le peuple, puis, les sénateurs eux-mêmes, dont Domitien, qui n'était pourtant pas bien délicat, dut exclure un certain nombre pour avoir exécuté la cordace en public.

---

[1] Les troupes d'acteurs modernes ne se laisseraient pas ainsi traiter de *troupeau* (grex) comme le faisaient les grossiers Romains. Ils préféreraient sans doute le mot σύνοδος, qu'employaient les Grecs à leur égard. Un « synode » d'« artistes dramatiques », voilà qui figurerait bien sur un programme « fin de siècle ! »

Nous avons vu précédemment que les Atellanes s'étaient corrompues avec les mœurs ; il en fut de même pour les mimes, et encore, ceux-ci s'avilirent-ils bien davantage. Outre le libertinage effréné des paroles, les acteurs en vinrent, dépouillés de vêtements, à se livrer aux mouvements les plus licencieux, et Héliogabale, enfin, contraignit les mimes à commettre sous les yeux des spectateurs les plus grandes abominations.

Les *Mimes* de Labérius usent d'une très grande liberté. César a été assez fort pour affecter de les dédaigner, et a forcé Labérius à paraître en scène comme un simple affranchi.

Ce fut le soir de son triomphe que, traversant Rome entre quarante éléphants qui portaient des lustres étincelants, de cristal de roche, Jules César assista aux fêtes, aux farces du théâtre, et contraignit, par dérision, le vieux Labérius de se faire mime et de jouer lui-même ses pièces frondeuses, tout chevalier romain qu'il était. Et pour avilir encore davantage le pauvre vieillard, obligé d'amuser le peuple et de se faire le concurrent de P. Syrus, il lui refusa le prix. On attribue même à César ces vers que d'autres disent être de P. Syrus :

> Quicum contendisti scriptor, hunc spectator subleva ;
> Faventi tibi me, victus es, Laberi, à Syro.

Le premier vers pourrait bien être de Syrus,

jouant après Libérius et lui demandant modeste-
ment d'accueillir avec bienveillance comme specta-
teur celui qu'il avait combattu comme acteur ; et le
second de César, s'excusant ironiquement d'être
obligé de décerner la palme à Syrus.

Dans cette posture humiliante, Labérius ne man-
qua pas de dignité : « J'ai trop vécu d'un jour »,
s'écria le malheureux, et il eut le courage de regretter
publiquement la liberté perdue ; il fut là plus courageux philosophe que le craintif Cicéron, qui le
voulait cependant empêcher de se rasseoir parmi
les chevaliers romains.

> Ego bis tricenis annis actis sine nota
> Eques romanus ex lare egressus meo.
> Domum revertar mimus : nimirum hoc die
> Uno plus vixi, mihi quam vivendum fuit. . . .

En effet, après ce prologue désolé, il reprend son
assurance, et adresse à César présent de dures vérités
et de sinistres prophéties :

> Necesse est multos timeat quem multi timent
> (in Macrob. Sat. 1).
> Porro, quirites, libertatem perdidimus.
> (Id.)
> Non possunt primi esse omnes in omni tempore,
> Summum ad gradum quum claritatis veneris.
> Consistes ægre, et citius quam ascendas, decides :
> Cecidi ego, cadet qui sequitur, laus est publica.
> (Id.)

Les *Maximes*, toutes stoïciennes, que l'on attribue
à l'affranchi Publius Syrus, et qui se composent de
près d'un millier de vers empruntés à des mimes

différents, en contiennent un certain nombre de Labérius, parmi lesquels celui que nous venons de citer, qu'il eut le courage de lancer à César : « Il doit tout craindre, celui que tout craint ! »

N'ayant aucune pièce de ce mimographe, nous ne savons s'il justifiait l'admiration de César. Elle fut partagée par les contemporains, sauf par Cicéron qui déclarait s'être beaucoup ennuyé à la fameuse représentation où Labérius et Syrus avaient joué devant César ; mais les causes de cet ennui de Cicéron n'étaient peut-être pas toutes littéraires. L'empereur Claude admirait fort Syrus, que les spectateurs ne prisaient plus, et même il ordonnait aux censeurs de prendre les précautions nécessaires pour forcer le public à rire aux représentations. C'était le moment où Messaline remplissait Rome du scandale de ses adultères ! Sénèque le philosophe revient souvent sur l'éloge de P. Syrus, et le Tragique lui fait des emprunts. Dans Pétrone (Satire LV), le sot Trimalchion se livre à un parallèle baroque entre ce mime et... Cicéron : « Rogo quid putes inter Ciceronem et Publium interesse ? Ego alterum puto disertiorem fuisse, alterum honestiorem ». Doit-on, comme M. Nisard, faire remonter ce jugement à Pétrone, et l'en féliciter ? L'énormité de la comparaison, et le fait qu'elle est placée dans la bouche de Trimalchion nous défend absolument de l'admettre. Macrobe et Aulu-Gelle qui nous ont transmis un grand nombre de maximes de Syrus, le vantent à l'envi, et saint Jérôme nous apprend que, de son temps, on faisait encore lire cet écrivain dans les écoles.

X

Virgile.

Octave, que le meurtre de César, organisé par des alliés irréconciliables, sans directions pour le présent, sans entente pour l'avenir ; que la grossière et bestiale ineptie d'Antoine, non moins que la prudente domesticité de Lépide, ont créé empereur, dans le nouveau sens du mot, a dépouillé la robe sanglante des proscriptions, et s'est transformé en cet empereur Auguste que les écrivains classiques nous ont appris à célébrer. L'égorgeur de son protecteur Cicéron est devenu le magnanime protecteur, d'après Sénèque, de ce Cinna qui le voulait assassiner. Une ère nouvelle commence ; l'empire pacifié, asservi, se trouve dans toutes les conditions requises pour produire une littérature en rapport avec le grand repos qui succédait à tant de violentes convulsions.

Nous n'aurons plus l'éloquence de la tribune, les rostres ne retentiront plus de véhémentes adjurations, mais une littérature mesurée, didactique, mais une culture artistique, pondérée, dépréoccupée du tumulte des passions populaires, va créer cette courte, mais grande période de l'histoire littéraire du monde, qui s'appelle le siècle d'Auguste.

Virgile est le plus harmonieux, le plus fidèle, le plus digne représentant de ce siècle, comme Racine, dont l'harmonie de ses vers et la tendresse de son cœur le rapprochent si intimément, représente devant la postérité le siècle de Louis XIV.

D'autre part Virgile, né près de Mantoue, l'une des colonies étrusques, fit revivre dans ses poèmes, inspirés par un profond et mystérieux amour de la nature, l'antique génie de ses grands ancêtres.

Il naquit le 15e jour d'octobre, l'an de Rome 684 (l'an 70 av. J.-C.), sous le consulat de Pompée et de Crassus, dans le village d'Andes (aujourd'hui Pietola), très proche de Mantoue, capitale de la nouvelle Etrurie, ville plus ancienne que Rome et de beaucoup :

> Ille etiam patriis agmen ciet Oenus ab oris,
> Fatidicæ Mantus et Tusci filius amnis.
> Qui muros matrisque dedit tibi, Mantua, nomen;
> Mantua dives avis sed non genus omnibus unum :
> Gens illi triplex, populi sub gente quaterni :
> Ipsa caput populis : Tusco de sanguine viros.
> Æneidos l. X, v. 198.

Il rappelle encore le lieu de sa naissance dans les *Géorgiques* :

> Et qualem infelix amisit Mantua campum.
> (l. II. v. 197).

Et enfin, dans l'épitaphe qu'on lui attribue :

> Mantua me genuit. Calabri rapuere, tenet nunc
> Parthenope, cecini pascua, rura, duces.

Les superstitions étrusques se retrouvent en maint endroit dans les écrits de Virgile. Ainsi, dans la première Eglogue, Mélibée parle des présages qui ont annoncé ses malheurs :

> De coelo tactas memini praedicere quercus.
> (v. 17).

Le vers qui suit est reconnu apocryphe :

> Saepe sinistra cava praedixit ab ilice cornix.

C'est que l'étude des phénomènes de la foudre était un genre de divination particulier aux Etrusques, et les présages qu'ils en tiraient étaient supérieurs à tous les autres. Les *fulmina publica* intéressaient toute la nation, et leurs présages s'étendaient jusqu'à trente ans ; les *fulmina privata*, dont le présage ne dépassait pas dix ans, concernaient un individu (c'était le cas de Mélibée) ; les *fulmina familiaria* s'adressaient, pour la vie entière, à toute la famille. Les Romains prirent cela des Etrusques ; comme tant d'autres choses, ainsi que nous l'avons dit.

Ils nommaient *fulgurita*, ou *obstita*, les lieux où était tombée la foudre, lieux devenus ainsi sacrés, — et ils entouraient de barrières, afin que nul ne les souillât, ceux où un homme avait été foudroyé. Dans ce cas, on les appelait *putealia*, ou *bidentalia*. V. Hor. *Ars poet.* (Ep. ad Pisones). v. 471.

> . . . . . an triste bidental
> Moverit incestus. . . . .

Virgile joignait, comme ses aïeux de l'Etrurie, les pressentiments, les divinations d'un cœur religieux, aux méditations fécondes d'un esprit éclairé par l'étude et par l'observation ; il savait tout ce que les sciences de son temps pouvaient apprendre. et de là, l'immortelle beauté de ses chants, dont la vive lumière nous pénètre encore : « Il n'a pas cessé, dit M. Sainte-Beuve, dans les âges les plus dévastés et les plus durs, d'apparaître comme une puissante et magique personnification de je ne sais quel charme regretté et non tout à fait perdu ; il n'a pas cessé d'être l'enchanteur Virgile. »

Nous n'avons pas à examiner le talent poétique de celui que l'on a appelé le Cygne de Mantoue et qu'aimait tant, pour tant de raisons de similitude de talent et de cœur, celui que la France appelle le Cygne de Cambrai ; le philosophe seul doit nous occuper. Virgile était incontestablement partisan de la philosophie d'Epicure et admirateur de ce Lucrèce dont il dépasse la gloire sans en atteindre la puissance ni la profondeur, et auquel il fut comme Sophocle à Eschyle, comme Racine à Corneille.

Est-ce d'Epicure, est-ce de Lucrèce que Virgile a dit :

> Felix qui potuit rerum cognoscere causas,
> Atque metus omnes et inexorabile fatum
> Subjecit pedibus, strepitumque Acherontis avari !
> (Georg. II).

L'épicurisme amène nécessairement l'indifférence politique, et fait même préférer le repos des monarchies aux agitations des républiques. Virgile, philosophe et poète, trouva son empereur dans Auguste, comme Auguste trouva son chantre dans Virgile. Les déclamations religieuses des Bucoliques, genre d'ailleurs où Virgile est imitateur des Alexandrins et inférieur à lui-même, sont pures fictions poétiques, œuvres d'art, — souvent délicates, rarement fortes, — quoique les chrétiens aient vu longtemps dans l'une d'elles, la plus belle, destinée à célébrer d'avance un illustre rejeton [1].

Ce rejeton, quel fut-il? Les uns veulent qu'il s'agisse de l'enfant dont Octavie était enceinte (de son premier mari Marcellus), quand elle épousa Antoine. A ce même moment, Scribonia, femme d'Octave, était également enceinte, de celle qui fut l'impudique Julie. Dans le premier cas, s'il s'agit

---

[1] Egl. IV. *Pollio.*

de ce Marcellus qui aurait été l'héritier présomptif du trône, et à la mort prématurée duquel Virgile a consacré une mention si émue dans l'Enéide (VI, 883), la prophétie non réalisée serait touchante; elle serait piquante dans le second. — D'autres, à la suite de Servius, réclament en faveur du second fils de ce Pollion auquel est dédiée la quatrième églogue, Asimus Gallus qui déclara plus tard, paraît-il, sous Tibère, avec autant de vanité que d'imprudence, à Asconius Pédianus, un autre ambitieux, époux de Vipsiania, fille d'Agrippa, femme répudiée de Tibère, que c'était lui, Gallus, que désignait Virgile. Ce pauvre Gallus, objet de la défiance de Tibère, fut obligé de se laisser mourir de faim. Sponte vel necessitate! dit Tacite (Ann. v. I, 23).

A qui croire ? Tous doutent : « Que le problème soit résolu ou non... », dit M. Benoist (*Virgile. Buc.* 38). — « Il faut, écrit M. Duruy, reconnaître qu'il reste de grandes difficultés au sujet de l'enfant prédit. » (*Hist. des Romains*, III, 504. Remarque.) Et Conington (Préface) : « Il est difficile de dire qui était cet enfant, par la bonne raison que les prédictions de Virgile ne se sont jamais réalisées. Vaste marge ouverte aux conjectures ! »

En présence de cette impuissance de la critique à dire de quel enfant il s'agissait, on en est amené à se demander s'il s'agissait en réalité d'un enfant véritable, et si le poète n'avait pas seulement consulté son imagination, son enthousiasme poétique ou prophétique, — nous avons dit que c'est tout un.

Qu'importe d'ailleurs qu'il songeât à un enfant déterminé ou à un enfant quelconque; on se demande avec étonnement dans quel état d'esprit devaient se trouver et Virgile et son siècle pour que l'un pût composer, l'autre applaudir des poésies d'un sentiment si étrange et si pénétrant!

On trouve, en vérité, dans cette églogue, un mysticisme absolument ignoré des Alexandrins, une poésie mélancolique et grandiose, et des accents vraiment prophétiques. Il était donc aisé à l'enthousiasme chrétien de croire à la prédiction de la venue du Messie dans des vers comme ceux-ci :

> Ultima Cumæi venit jam carminis ætas [1]
> Magnus ab integro sæclorum nascitur ordo :
> *Jam redit et Virgo*, redeunt Saturnia regna,
> Et nova progenies cœlo demittitur alto. . . .
>   (v. 4-8).

> Illa deum vitam accipiet, divisque videbit
> Permixtos heroas et ipse videbitur illis.
>   (v. 15, 16).

> At tibi prima, puer, nullo munuscula cultu,
> Errantes hederas passim cum baccare tellus
> Mixtaque ridenti colocasia fundet acantho.
> Ipsæ, lacte domum referent distenta capellæ

---

[1] Voir dans le *Paroissien romain* l'office des morts :
>   Dies iræ, dies illa
>   Solvet sæclum in favilla.
>   Teste David cum Sibylla. . .

> Ubera, nec magnos metuent armenta leones ;
> Ipsa tibi blandos fundent cunabula flores ;
> *Occidet et serpens*, et fallax herba veneni
> Occidet, Assyrium vulgo nascetur amomum.
>
> (v. 18. sq.)

> Aggredere o magnos aderit jam tempus. honores,
> Cara deum soboles. magnum Jovis incrementum !
> Adspice convexo nutantem pondere mundum,
> Et terras, tractusque maris, cœlumque profundeum ;
> Adspice venturo lætentur ut omnia sœclo ! [1]
>
> (v. 48. sq.)

Tous ces vers semblent de simples transcriptions des prophètes hébreux. Comparer notamment avec Isaïe. Nous traduisons littéralement :

> Car un enfant nous est né. un fils nous est donné. — et l'empire repose sur son épaule.—On l'appellera du nom d'Admirable, Conseiller. Dieu fort, — Père d'éternité, Prince de paix ; — pour l'accroissement de l'empire — et pour une paix sans fin sur le trône de David et sur son royaume — pour l'affermir et le soutenir par le droit et la justice. — dès maintenant et à perpétuité.
>
> Is. IX, 5. 6.

> Le loup gîtera avec l'agneau, et la panthère se couchera près du chevreau, — Le veau, le lionceau et le bétail que l'on engraisse seront ensemble, — et un petit enfant les mènera. — La vache paîtra avec l'ourse, — leurs petits seront couchés ensemble. — Et le lion mangera de la paille comme le bœuf. — Et l'enfant qu'on allaite se jouera sur le trou de la vipère, — Et l'enfant qu'on sèvre mettra sa main sur la retraite du basilic. — On ne fera plus ni tort ni dommage sur la montagne de ma Sainteté.—Car la connaissance de l'Eternel remplira la terre — comme les eaux couvrent le fond de la mer.
>
> (Is. XI, 6-10)

---

[1] Ces derniers vers que nous avons déjà mentionnés nous reportent directement aux Etrusques, à leur théorie de la succession des empires, et à leur génie dont Virgile était pénétré.

Le désert et la terre aride seront dans la joie. — La solitude sera dans l'allégresse et s'épanouira comme le narcisse : — Elle se couvrira de fleurs et tressaillira de joie — avec des chants de joie et des cris de triomphe ; — La gloire du Liban lui sera donnée, — la magnificence du Carmel et du Saron : — Ils verront la gloire de l'Eternel, la magnificence de notre Dieu.

(Is. XXXV, 1-3 et suivants).

Moi, l'Eternel. je les exaucerai — Dieu d'Israël, je ne les abandonnerai pas ; — Sur les coteaux dépouillés je ferai jaillir des fleuves, — et des sources au milieu des vallées. — Je changerai le désert en un lac — et la terre aride en sources d'eau ; — Je mettrai dans le désert le cèdre, l'acacia, — le myrte et l'olivier ; — Je mettrai dans la plaine stérile le cyprès, l'orme et le buis à la fois, — Afin qu'ils voient, qu'ils sachent. — qu'ils remarquent et comprennent tous — que la main de l'Eternel a fait ces choses, — que le Saint d'Israël en est l'auteur.

(Is. XII, 18-20).

On ne saurait s'étonner de ce qu'en présence d'images aussi identiques, les Pères de l'Eglise aient vu dans les vers de Virgile l'annonce de la venue de Jésus-Christ.

Ce n'est pas précisément dans l'*Enéide* que nous trouvons Virgile tout entier. Cette épopée artificielle, dont chaque page contient des emprunts sans nombre à l'antiquité grecque et des flatteries à l'adresse d'Auguste, copie froidement les belles statues des dieux grecs et ne parvient point à animer les dieux indigènes de la patrie. La descente classique d'Enée aux Enfers ne nous montre pas que Virgile crût seulement à l'immortalité des âmes, même à cette triste et banale immortalité qu'Homère accordait à ses trépassés incolores et vaporeux.

C'est dans les *Géorgiques* que Virgile, sans dédaigner l'imitation des Anciens, est véritablement lui-même. Son esprit comprend et embrasse la Nature tout entière, il nous intéresse à tout dans l'Univers ; au plus frêle brin d'herbe comme à l'astre superbe dont les rayons réjouissent et vivifient notre terre, et qu'il chante dans un si magnifique langage.

> Sol tibi signa dabit. Solem quis dicere falsum
> Audeat? Ille etiam caecos instare tumultus
> Saepe monet, fraudem et operta tumescere bella. . .

Il sait nous rendre attentifs aux plus humbles, même aux plus grossiers des animaux :

> Hinc canibus blandis rabies venit, et quatit aegros
> Tussis anhela sues, ac faucibus angel obesis.
>   (Georg. III. 497).

Mais c'est surtout la Terre, la grande Parente, qu'il vante et qu'il célèbre avec un attendrissement filial :

> Salve, magna parens frugum, Saturnia tellus,
> Magna virum ! tibi res antiquae laudis et artes
> Ingredior, sanctos ausus recludere fontes,
> Ascraeumque cano romana per oppida carmen!
>   (Georg. II).

Rapprocher ce passage de celui du même livre, où, en paysan toscan qu'il est, il loue le bonheur de l'homme des champs :

> O fortunatos nimium sua si bona norint,
> Agricolas ! quibus ipsa procul discordibus armis
> Fundit humo facilem victum justissima tellus !

C'est l'Italie, cette mère des fruits et des héros, qu'il salue avec un enthousiasme si entraînant, devant laquelle il se prosterne avec une si profonde et si émouvante piété. Son athéisme, — si ce touchant et sincère naturalisme peut s'appeler de ce nom, — est plus captivant encore, infiniment plus senti, plus persuasif, plus attirant que celui de Lucrèce. Virgile sans religion est un des esprits les plus profondément religieux. Ce n'est point le vain désir de connaître pour connaître, mais celui de mieux connaître pour mieux aimer, qui le porte à déclarer heureux entre tous, le mortel « qui a pu connaître les causes des choses ». Ce n'est pas sans raison que les Pères de l'Eglise ont aimé Virgile, et que Dante, son compatriote, en a fait son guide dans le monde mystérieux.

M. Michelet résume en quelques lignes saisissantes la double nature sémitique et aryenne, étrusque et grecque, qui est la caractéristique de son génie, et qui confirme notre pensée, faisant du grave et sympathique poète, le trait d'union ou le produit des deux mondes antiques, ou, comme on le pourrait dire, des deux lobes du cerveau de l'humanité :

. . . . . « Tendre et profond Virgile !.... moi, qui ai été nourri par lui et comme sur ses genoux, je suis heureux que cette gloire unique lui revienne, la gloire de la pitié et de l'excellence du cœur..... Ce paysan de Mantoue, avec sa timidité de vierge et ses longs cheveux rustiques, c'est pourtant, sans qu'il l'ait su, le vrai pontife et l'augure entre deux mondes, entre deux âges, à moitié chemin de l'histoire..... Il reconstitue,

cet homme simple, dans son cœur immense. la belle cité universelle dont n'est exclu rien qui ait vie, tandis que chacun
n'y veut faire entrer que les siens. »

Oui, tendre et profond Virgile! N'a-t-il pas entrevu
et décrit *l'âme universelle* qui crée et féconde tout :

> Principio cœlum ac terras, camposque liquentes,
> Lucentemque globum lunæ, Titaniaque astra,
> Spiritus intus alit; totamque infusa per artus
> Mens agitat molem et magno se corpori miscet[1].
>
> En. VI, 724.

---

[1] Comparez avec Fénelon : « L'âme universelle du monde
est comme un grand océan de lumière ; nos esprits sont
comme de petits ruisseaux qui en sortent et qui y retournent
pour s'y perdre. »   *Télémaque* liv. IV.

XI

Horace.

Ce n'est pas le sentiment, c'est moins encore le mysticisme qui caractérisent l'œuvre et la philosophie d'Horace ; ses velléités républicaines l'avaient prédisposé au stoïcisme, mais rien de tout cela ne survécut à la bataille de Philippes, où, comme il le dit lui-même avec un sans-gêne qui étonnerait de tout autre que de lui, combattant dans l'armée des meurtriers de César, il s'empressa de jeter ses armes et même son bouclier, afin de prendre plus aisément la fuite :

> Tecum Philippos et celerem fugam
> Sensi relicta non bene parmula.
> (Od. l. II, VII. 9).

Horace est épicurien de tempérament : il se vante sans vergogne d'être « un pourceau gras et luisant du troupeau d'Epicure ».

Omnem crede diem tibi diluxisse supremum,
Grata superveniet. quae non sperabitur hora.
Me pinguem et nitidum bene curata cute vises.
Quum ridere voles, Epicuri de grege porcum.
(Epitr. l. I. IV, 13 sq.)

C'est dire qu'il n'avait rien de la retenue du fondateur de la secte, ni de ses principes de sobriété; ami de la bonne chère, des vins généreux, et quelque peu libertin, il voit sa vieillesse attristée par la goutte et par d'autres infirmités que ne peut guérir aucune des eaux minérales où l'envoient ses médecins :

Horace était petit et gros et sanguin; par conséquent prompt à se mettre en colère, et à s'apaiser bientôt :

. . . . Corporis exigui, praecanus, solibus aptum,
Irasci celerem. tamen ut placabilis essem.
Ep. l. I. XX, 24, 25.

Avec ses festins et ses plaisirs, son falerne et son massique (*dulce est desipere mero*). il contracta d'abord la pituite habituelle aux buveurs :

Praecique sanus nisi cum pituita molesta est.
Ep. l. I. I. 108.

et ensuite une inflammation chronique des yeux (*lippio*) :

Hic oculis ego nigra meis collyria lippus
Illinere. . . .
(Sat. l. I. V, v. 30)

Il avait encore des crudités d'estomac, et Virgile aussi, paraît-il :

Lusum it Mæcenas ; dormitum ego Virgiliusque,
Namque pila lippis inimicum et ludere crudis. . .
(Sat. l. I. V, 48).

C'est sans doute pour cela qu'il fulmina contre l'ail, condiment qui a son mérite, mais qui brûle les gastralgiques :

O dura messorum ilia
Quid hoc veneni sævit in præcordibus !
(Epod. III, 4.)

Quand il était malade, il suivait un régime adoucissant, recourait aux olives, aux mauves et à la chicorée, et faisait de nécessité, vertu :

. . . . Me pascunt olivæ.
Me cichorea, levesque malvæ !
Od. l. I. XXXI, v. 15.

il vantait l'eau fraîche :

Collectosne bibant imbres, puteosque perennes
Jugis aquæ.   (Ep. l. I. XV, 15).

Mais à peine rétabli, il laissait là les olives et les mauves et la chicorée et l'eau claire, et se remettait à jouir de la vie.

Alors viennent les points de côté, la toux, la goutte (*laterum dolor, tussis, tarda podagra*. Sat. l. I. IX, 32.)

Et malgré tout, les crises passées, il recommence toujours, comme le lui reproche son esclave, il cède toujours à sa gourmandise (*obsequium ventris*).

Nempe inamarescunt epulæ sine fine petitæ,
Illusique pedes vitiosum ferre recusant,
Corpus.   (Sat. l. II. VII, v. 107).

Mais l'âge vient et s'avance, aggravant les vieilles infirmités et en apportant de nouvelles. Horace essaie encore de résister; il cherche encore des aventures, mais il a perdu toute audace en vieillissant :

> Lenit albescens animos capillus
> Litium et rixæ cupidos protervæ.
> Non ego hoc ferrem calidus juventa
> Consule Planco.
> (Od. l. III. XIV. 24).

Ses maladies chroniques et la vieillesse finissent par lui faire entendre raison, et il se dit à lui-même :

> Solve senescentem mature sanus equum, ne
> Peccet ad extremum ridendus. et ilia ducat !
> (Ep. l. I. I. 7).

Enfin, le pauvre-poète est réduit ! Il en est venu à pleurer toutes les joies de la vie, et même à préférer le sommeil à la poésie :

> . . . . Ni melius dormire putem quam scribere versus?
> Singula de nobis anni prædantur euntes ;
> Eripuere jocos. Venerem, convivia. ludum !
> (Ep. l. II. II, 54 sq.)

C'est dans ces moments de tristesse qu'il devait écrire des vers stoïciens, comme ceux-ci, que ne désavoueraient ni Sénèque, ni Epictète, ni Marc Aurèle :

> Quisnam igitur liber ? Sapiens sibi qui imperiosus ;
> Quem neque pauperies. neque mors. neque vincula terrent,
> Responsare cupidinibus, contemnere honores

Fortis, et in se ipso totus, teres atque rotundus,
Externi ne quid valeat per læve morari.
In quem manca ruit semper Fortuna. . . . [1]

(Sat. l. II. VII, 82).

La cure qu'il faisait aux eaux minérales de Baïes ne lui réussit pas ; les eaux sulfureuses éprouvent trop les malades affaiblis par les affections chroniques et la vieillesse. Son médecin Musa préféra l'envoyer respirer à Salerne, l'air fortifiant de la mer :

                         . . . . Salerni
Quorum hominum regio et qualis via ; nam mihi Baias
Musa supervacuas Antonius. . . . .

(Ep. l. I. XV, 1-3).

Rien n'y fait ; il est tout à fait usé et la science est impuissante. Capricieux comme les malades, il ne peut tenir en place, va d'un lieu à l'autre sans y trouver la santé ; et il en vient à maudire ses amis, et les médecins eux-mêmes, qu'il honorait tant, quand il avait encore quelque espoir de guérison :

    Sed quia mente minus validus quam corpore toto
    Nil audiri velim, nil discere quod levet ægrum ;
    Fidis offendar medicis, irascar amicis. . .
    Quæ nocuere sequar, fugiam quæ profore credam,
    Romæ Tibur amem ventosus, Tibure Romam.

(Ep. l. I. VIII, 7, 15).

N'est-il pas vrai que l'on trouve dans cette auto-biographie, dans ces confessions d'Horace, recueillies à travers son œuvre, les causes, les symptômes,

---

[1] Voir encore Epit. l. 1, la fin de l'Ep. XVI.

la marche et la conclusion nécessairement fatale, des maladies qui ne manquent pas d'atteindre les personnes trop adonnées à la bonne chère et aux plaisirs?

Ses plus brillantes odes sont des imitations, soigneusement élaborées, ciselées avec amour et avec goût; il n'y est vraiment original que lorsqu'il parle de ses amis, de ses maîtresses et de sa vie privée. C'est dans ses satires et ses épîtres qu'il nous donne véritablement sa mesure. Dans ce genre moyen, si aimé des Romains et qui leur convenait si bien, qui d'ailleurs ne présentait rien de dangereux pour un ami d'Auguste tel que lui, et qui contraste si fort avec l'amertume stoïcienne des satiriques de l'âge suivant Horace se montre un sceptique lettré qui raille doucement des travers et des ridicules plutôt que des vices, mais qui ne se met jamais en colère : affaire de prudence, de tempérament et d'hygiène aussi.

Pour Horace, tous les hommes passionnés sont des sots ; et, comme tous ont quelque passion, tous ont quelque sottise. Les vices sont répréhensibles, non comme vices, mais comme maladresses et folies. L'adultère est inepte à ce point de vue qu'il fait courir mille dangers pour la possession d'une femme mariée, tandis qu'on peut sans péril trouver des femmes beaucoup plus belles et libres d'un lien si périlleux. Le vice et la folie sont identiques, comme la prudence et la vertu. La recherche du bonheur est légitime, mais les moyens qu'emploient d'ordinaire les gourmands, les ambitieux, les dépensiers, les avares, les débauchés, vont à l'encontre de leur but. On doit apporter en toute chose de la prudence et de la modération.

On peut dire que c'est là la doctrine d'Epicure et aussi que c'en est l'opposé. Il faut jouir avec discernement et précaution, afin de jouir mieux et plus longtemps.

Ses Epîtres accentuent encore davantage les théories philosophiques et morales de notre auteur. Il s'y proclame disciple d'Aristippe : « chercher le plaisir, fuir la douleur ».

Mais c'est bien plutôt, comme nous l'avons dit, d'après lui-même, d'Epicure qu'il procède. Aristippe plaçait le bonheur dans le mouvement, Epicure dans le repos. Horace était trop paresseux pour ne pas être de l'avis de ce dernier. Le mouvement était l'affaire des stoïciens, ces républicains incorrigibles dont il se moque, aux applaudissements d'Auguste, de Mécène et des autres.

Si prodesse tuis. pauloque benignius ipsum
Te tractare voles, accedes siccus ad unctum

. . . .

Contra. quem duplici panno patientia velat
Mirabor. vitæ via si conversa decebit.

. . . .

>   . . . Mileti textam cane pejus et angue
> Vitabit chlamydem ; morietur frigore, si non
> Rettuleris pannum; refer, et sine vivat ineptum.
>
> (Ep. I. XVII, 11. 12. 25. 26, 31. 33).

Voir aussi l'épitre suivante, où, après avoir parlé de la bassesse des flatteries, il ajoute :

>   Est huic diversum vitio vitium prope majus,
> Asperitas agrestis et inconcinna gravisque
> Quæ se commendat tonsa cute, dentibus atris ;
> Dum vult libertas dici mera, veraque virtus.
>
> (Ep. I. I. XVIII, 4-9).

>   Deme supercilio nubem : plerumque modestus
> Occupat obscuri speciem, taciturnus acerbi.
>
> (v. 94-99).

Pourquoi faire de la politique? — « Il n'est pas permis à tous d'aller à Corinthe.» — Pourquoi se faire censeur incommode, au mépris de sa tranquillité, ou vil flatteur aux dépens de sa dignité? — « La vertu est dans le milieu.» — Vivre paisiblement dans une médiocrité dorée, avec de bons livres, de bons amis, une bonne table, des amours faciles, procure des joies sans dangers que ne peuvent connaître les esprits moroses qui parlent sans cesse des antiques institutions, des vieux Romains, des Catons, des Brutus, des Cassius. Le bonheur est là; et le bonheur est la fin de l'homme.

>   Non cuivis homini contingit adire Corinthum.
>
> (Ep. I. I. XVII. 36).

>   Virtus est medium vitiorum . . . .
>
> Ep. I. I. XVIII, 9.

> Auream quisquis mediocritatem
> Diligit, tutus caret obsoleti
> Sordibus tecti, caret invidenda,
>   Sobrius aula.   (Od. l. II. X, 5. sq.

> Pauper enim non est cui rerum suppetit usus;
> Si ventri bene, si lateri est pedidusque tuis [1] nil
> Divitiæ poterunt regales addere majus.
>   (Ep. l. I. XII. 5).

> Quid sentire putas ? quid credis, amice, precari ?
> Sit mihi quod nunc est ; etiam minus ; et mihi vivam,
> Quod superest ævi, si quod superesse volunt Di.
> Sit bona librorum et provisæ frugis in annum
> Copia. . . [2].   (Ep. l. I. XVIII, 109).

Cette égoïste et molle philosophie qui, à vrai dire, est sciemment ou à leur insu celle de la plupart des hommes dispensés de gagner leur vie et mis par les circonstances ou par leur volonté, à l'abri des nobles soucis, des tristesses et aussi des joies de la vie de famille, a merveilleusement servi Horace pour la définition et l'exposition de ses théories littéraires dont nous n'avons point à parler ici, mais où, grâce à son goût parfait et aussi à des études qui ne lui coûtaient rien, puisqu'il les faisait pour son plaisir, il a pu donner (dans son épître aux Pisons) les règles éternellement justes et éternellement vraies de l'art de composer.

[1] Allusion à ses maux d'estomac, aux points de côté et à la goutte!

[2] Voir aussi *Satires*, l. II. VI, 1-3.

XII

Poetæ minores.

Il y a dans l'âme de Tibulle quelque chose de l'âme de Virgile, une sensibilité analogue, quoique plus restreinte et d'un moindre vol. Il n'a vécu que pour l'amour ; mais la vérité de cet amour lui a dicté des vers immortels.

Tibulle est épicurien, lui aussi ; la médiocrité lui plaît. Si Lucrèce nous dit qu'il est doux d'assister du rivage aux déchaînements de la tempête :

> Suave mari magno turbantibus æquora ventis
> E terra magnum alterius spectare laborem. . .
> *De natura rerum* (l. II, v. 1).

Tibulle nous dira qu'il est doux d'entendre hurler les vents terribles du fond de son lit et lorsqu'on presse sa maîtresse dans ses bras.

> Quam juvat immites ventos audire cubantem
> Et dominam tenero detinuisse sinu ! . . .
> (Eleg. l. I, I, 45).

Cette maîtresse de Tibulle a plusieurs noms dans
ses Elégies ; mais peu lui importe ; la passion qu'il
décrit est toujours vraie, autant que profonde. Il
pressent qu'il mourra jeune : la mort lui sera douce,
pourvu que Délie assiste à ses derniers moments
et que, de sa main mourante, il puisse presser
celle de son amie.

> Te spectem suprema mihi quum venerit hora,
>   Te teneam moriens deficiente manu,
> Flebis et arsuro positum me Delia lecto,
>   Tristibus et lacrymis oscula mixta dabis. . .
> Tu manes ne læde meos, sed parce solutis
>   Crinibus. et teneris, Delia. parce genis ! . . .
> (Eleg. l. I, 59-68).

Le vaniteux Properce a plus de personnalité que
Tibulle, et toutefois il nous intéresse moins. Il se
croyait le plus grand poète du monde et ne cessait
de le répéter. Un exemple entre beaucoup [1] :

> Primus ego ingredior puro de fonte sacerdos
>   Itala per Graios orgia ferre choros. . .
> Meque inter seros laudabit Roma nepotes.
>   Illum post cineres auguror, ipse diem.
> (Eleg. l. III. I, 2-35).

Poète érudit, disciple des Alexandrins, mais froid
et n'ayant ni la tendresse de Tibulle, ni la mordante
causticité de Catulle, il nous donne la mesure de
sa morale et de sa philosophie en se félicitant

---

[1] Voir notamment liv. I. Elég. VII, 21 :

> Tunc me non humilem mirabere sæpe poetam,
> Tunc ego romanis præferar. ingeniis. . . .

extrèmement de ce que la loi d'Auguste ordonnant aux célibataires de se marier n'a pas pu être mise en vigueur.

Cette loi était une des lois Julia : *De maritandis ordinibus;* elle fut rendue contre les célibataires l'an 32 avant J.-C. La corruption des mœurs s'opposa dès le principe à son application, si bien que, de guerre lasse, Auguste fut obligé de la révoquer. Properce s'en réjouit avec Cynthie :

> Gavisa es certe sublatam Cynthia legem
>   Qua quondam edicta flemus uterque diu,
> Ni nos divideret. . . .
>
> .   .   .   .
>
> Unde mihi patriis gnatos præbere triumphis ?
>   Nullus de nostro sanguine miles erit ! . . .
>   (El. 1. II. VII. 1-15).

Ne cherchons pas une philosophie dans les longs poèmes d'Ovide. Le frivole et sceptique écrivain n'y en a point voulu mettre. Ce n'est pas qu'il ignore les systèmes; les vers de ses *Métamorphoses* où il expose les doctrines de Pythagore sont d'une très grande beauté.

> Vir fuit hic ortu Samius, sed fugerat una
> Et Samon et dominos. . .   (XV, v. 60).

On admire surtout le passage brillant, quoiqu'un peu prolixe, selon l'habitude d'Ovide, où Pythagore défend de manger de la viande :

> Parcite, mortales, dapibus temerare nefandis
> Corpora, etc.   (Id. v. 675)

et l'exposition de la transformation des êtres et de
la métempsychose, où Ovide s'approche parfois de
Lucrèce lui-même, par son art, cela va sans dire,
et non pas par sa conviction :

Et quoniam Deus ora movet, sequar ora moventem
Rite Deum, etc.   (v. 143 sq.)

L'auteur des *Héroïdes*, des *Cosmétiques*, des *Amours*,
de l'*Art d'aimer* et même du *Remède d'amour* appartient, pour toute doctrine, au groupe toujours gros-
sissant des épicuriens pratiques.

Mais, pour lui, le fond de ses compositions
importe peu ; tout entier à la forme, il semble
vouloir prouver qu'il est capable de tout mettre en
vers, et il y réussit.

Sans chaleur, comme sans dignité, recherchant
sans cesse le mot et jamais l'idée, la forme et non
la vérité, il est, quoiqu'appartenant au siècle d'Auguste, un poète de décadence. Ce serait faire injure
à la philosophie que d'essayer de le rattacher à l'un
de ses systèmes, quel qu'il soit.

La tyrannie ne peut pas longtemps inspirer les
poètes. En même temps qu'elle enlève à l'écrivain
sa liberté, et par conséquent sa dignité, elle lui ôte
aussi son originalité. Les hautes spéculations lui
sont interdites ; elle est contrainte de se rabattre
dans les imitations du passé, dans le terre à terre
des genres didactiques inférieurs et dans les frivo-

lités banales de la phraséologie. De même que sous Napoléon, qui d'instinct n'aimait point les philosophes, les penseurs, les *idéologues*, comme il les appelait, on n'eut guère, à part de froides tragédies, que les poèmes didactiques du pâle Delille et de ses plus pâles imitateurs : les *Trois règnes de la nature*, *les Jardins*, *l'Homme des champs*, *la Navigation*, *le Verger*, *les Fleurs*, *la Maison des champs*, etc., etc., de même viennent à la fin du règne d'Auguste et sous Tibère des poètes trop excités par le succès des *Géorgiques*.

Citons parmi ces œuvres, les *Oiseaux* (Ornithogonia) et les *Poisons* (Theriaca) d'un Emilius Macer ; les *Plantes* (De virtutibus herbarum), d'un autre Macer ; la *Chasse* (Cynegeticon), d'un Gratius Faliscus ; la *Pêche* (Halieuticon), dont nous n'avons que des fragments, et que l'on attribue, non sans vraisemblance, à en juger par ce qui nous en reste, à Ovide lui-même, qui, dans son exil lointain, aurait recouru aux distractions de la pêche.....

Nous n'examinerons pas la philosophie du poème *sur l'Etna* ; cette œuvre d'écolier n'en vaut pas la peine, malgré ses niaises prétentions à la philosophie, et que l'on a attribué à bien des poètes, même à Manilius, et même à Virgile ! On en a fait aussi le faible honneur à Quintilius Varus, puis à Claudius. D'autres, enfin, en assignent la paternité à Lucilius junior, ami de Sénèque et procurateur de la Sicile. Lucilius avait déjà fait quelques poèmes de ce genre, un, en particulier, sur l'union prétendue de la fontaine d'Aréthuse et du fleuve Alphée! On dit que Lucilius rejetait toutes les fables mythologiques et donnait pour tous les phénomènes, des explications naturelles. Dans tous les cas, il ne saurait être question de faire remonter la paternité de cette pièce au brave Cornelius Severus. Cornelius Severus vaut mieux que cela. Qu'ils soient tirés d'un poème qui ne nous est pas parvenu, sur la Guerre de Sicile, ou de quelque autre poème, les vers nobles et courageux de Cornelius Severus, que nous a conservés Sénèque le rhéteur, sur la mort de Cicéron, protestation unique dans ce siècle adulateur, le mettent bien au-dessus, pour la forme et pour le fond, de cette sèche et fastidieuse production.

De *Phèdre* aussi nous dirons assez peu de choses : il ne se rattache à aucun système.

Nous ne savons si cet écrivain élégant, mais froid, si ce versificateur correct, se réclamait de Zénon ou d'Epicure, ou de n'importe qui ; pas même de lui, peut-être ?

Cet affranchi a-t-il été, sous la tyrannie, aussi hardi qu'on l'a prétendu ?

Phèdre a-t-il voulu attaquer Séjan et Tibère, dans ses fables ? Cela nous semble très douteux. Dans un moment où la terreur régnait à Rome, où les supplices étaient sans cesse multipliés, où le moindre mot pouvait lui faire perdre la vie, un homme du peuple comme Phèdre, un affranchi de son caractère se fût bien gardé de ce jeu dangereux[1]. Il se défend énergiquement des allusions qu'on lui prête, et il semble sincère :

> Ego quondam legi quam puer sententiam :
> *Palam mutire plebeio piaculum est.*
> Dum sanitas constabit, pulchre meminero.
>> (L. III. Epilog. 33).

Mais que ne devait point redouter tout écrivain dans cette période de délation et de cruauté ? et quand on a un Séjan tout à la fois comme accusateur, comme témoin et comme juge :

> Quod si accusator alius Sejano foret,
> Si testis alius, judex alius denique,
> Dignum faterer esse me tantis malis.
>> (L. III. Prol. 42).

Phèdre, malgré son goût sévère est aussi et plus encore qu'Ovide, un poète qui sert d'intermédiaire

---

[1] Il paraît que parmi les fables où on lui reprochait de faire des allusions malséantes étaient la fable *Homo et Asinus*, où l'âne refuse de manger le reste de l'orge qui avait engraissé un porc sacrifié, ce que l'on appliquait aux favoris de Séjan, engraissés des dépouilles des victimes de Séjan (V. 4), celle de *Muli et latrones* (II, 7).

> Hoc argumento tuta est hominum tenuitas :
> Magnae periclo sunt opes obnoxiae.

et encore l'*Asinus ad senem pastorem* (I. 15).

> . . . . Ergo quid refert mea
> Cui serviam, clitellas dum portem meas !

Malgré Séjan, nous croyons bien que Phèdre était innocent de ces allusions prétendues.

entre l'époque classique et la décadence. La forme
d'Ovide est classique, et ce sont les pauvretés de
sa pensée, son amour des mots plutôt que des idées
qui le mettent au-dessous de ses contemporains.
Phèdre, au contraire, le seul écrivain qui remplisse
l'intervalle entre l'âge d'Auguste et l'âge de Néron,
touche à la décadence par sa recherche des vieilles
expressions, par ses termes provinciaux et non classiques : *multare*, dans le sens métaphorique de *maltrai-*
ter (l. I. III, 9); *sauciare*, dans le sens particulier de *tuer*
(l. II. VII, 8) ; *strigare*, dans le sens de *se reposer*
(l. III. VI, 9) et par son amour pour les abstractions
dont vont retentir les écoles de philosophie et de
déclamation :

> Gulæquæ credens *colli longitudinem* lupo. . .
> (l. I. VIII, 8).

> Nec hanc repulsam *tua* sentiret *calamitas*.
> (l. I. III, 16).

> Sic totam prædam *sola improbitas* abstulit.
> (l. I. V, 11).

> Documentum habere *stulta credulitas* potest.
> (l. II. IV, 26).

> Sed spes fefellit *impudentem audaciam*
> (l. III. V, 9), etc., etc.

et par l'abus des lourds noms en *tas* qui ne con-
viennent guère qu'à la prose : credulitas, tenuitas,
calamitas, etc., et dont la génération suivante va
abuser.

Trop philosophe dans les mots; trop peu dans les idées, pour nous retenir!

De tous ces écrivains didactiques, aucun n'est digne d'occuper l'observateur, si ce n'est l'auteur du poème sur l'*Astronomie,* auteur à notre sens trop peu connu; nous voulons parler de Manilius.

———

XIII

Manilius.

Manilius est un penseur et un philosophe, un penseur paisible et un philosophe résigné, tel que pouvait être, en cette époque où, comme en tant d'autres, « la force primait le droit », où le vice éclaboussait la vertu, où la réalité broyait l'idéal, un homme indulgent et sans colère qui, dédaignant d'accuser ses semblables, quels qu'ils fussent, ne voulait imputer les iniquités du temps présent à personne, sinon à l'aveugle et implacable fatalité.

Pour ce désabusé, l'espérance même la plus reculée est frivole ; l'heure de notre naissance, celle de notre mort, tout ce qui nous arrive, est réglé d'avance par la sinistre et inconsciente puissance qui règle tout ici-bas, comme elle règle tout là-haut. La fatalité, qui préside à la vie et à la mort, fait

aussi nos vices et nos vertus, nos belles actions et
nos crimes :

> Solvite mortales animos, curasque levate
> Totque supervacuis vitam deplete querelis.
> *Fata regunt orbem*, certa stant omnia lege,
> Cunctaque per certos signantur tempora casus.
> Nascentes morimur, finisque ab origine pendet.
> Hinc et opes, et regna fluunt, et sæpius orta
> Paupertas ; artesque datæ, moresque creati,
> Et vitia et clades, damna et compendia rerum.
> Nemo carere dato poterit, nec habere negantum,
> Fortunamve suis invitam prendere votis.
> Aut fugere instantem ; sors est sua cuique ferenda. . .
>> (IV, 12 sq.).

Ce n'est pas un poète de cour, ravi de la politesse
et du faste du siècle d'Auguste, c'est un obscur
méditateur qui, en présence de tant d'iniquités, de
tant de meurtres, tels que nous les décrivent les
historiens de l'époque, et tels que Corneille seul les
a su reproduire, déclare que, par leur énormité
même, ils ne peuvent point être l'œuvre propre des
hommes qui les ont commis, mais le mouvement
extérieur, l'impulsion, la *suggestion* d'une puissance
étrangère.

> Ecce patrem nati perimunt, natosque parentes ;
> Mutua armati coeunt in vulnera fratres
> Non hominum hoc scelus est, coguntur tanta moveri,
> Inque suas ferri pœnas, lacerandaque membra.
>> (IV, 82 sq.)

Ce fatalisme rapprocherait Manilius des conceptions de saint Paul, d'Augustin, de Calvin et de Pascal,
s'il était accompagné de la tristesse déchirante de

ce dernier et de la foi profonde de tous les prédestinatiens en la bonté de Dieu.

Ces idées se retrouvent également dans l'Ancien Testament. Voir par exemple le קהלת (l'Ecclésiaste 9 : 11) :

« J'ai vu sous le soleil que la course n'est pas aux agiles, ni la bataille aux hommes vaillants, non plus que le pain pour les sages, non plus que la richesse pour les intelligents, non plus que la faveur pour les savants ; mais le temps et l'occasion arrivent également à tous. »

A l'aveugle fatalité, saint Paul et les prédestinatiens substituent le décret immuable et irrévocable de Dieu, ce qui, au point de vue de l'homme, est tout un : « Ainsi donc, ce n'est ni de celui qui veut, ni de celui qui court, mais de Dieu qui fait miséricorde... Ainsi donc, il fait miséricorde à qui il veut et il endurcit qui il veut. » — ἄρα οὖν οὐ τοῦ θέλοντος οὐδὲ τοῦ τρέχοντος, ἀλλὰ τοῦ ἐλεῶντος θεοῦ... ἄρα οὖν ὃν θέλει ἐλεεῖ, ὃν δὲ θέλει σκληρύνει.   (Rom. IX, 16, 18.)

Pas de tristesse, pas de protestations, pas d'espérance chez Manilius : il accepte la fatalité sans murmure ; la mélancolie de Lucrèce lui-même ne l'atteint pas. Il enregistre froidement le fait de cette inévitable fatalité. L'homme en est le jouet ; il n'y peut rien faire. Le condamné à mort accroît son supplice par ses résistances, redouble son agonie par ses convulsions. Notre sort est réglé comme le cours des astres : l'un et l'autre échappent également à notre volonté.

Ce travail n'étant ni philologique, ni littéraire, nous n'avons ni à examiner si ce titre d'*Astronomicon* est un nominatif singulier ou un génitif pluriel [1], ni si les qualifications scolastiques de Scaliger, considérant le 1er livre comme une introduction, traitant le 2e et le 3e d'*isagogiques* et les deux derniers d'*apotélesmatiques*, concordent absolument avec la réalité; tout ce que nous pouvons dire, c'est qu'au point de vue philosophique comme au point de vue littéraire, nous avons peine à comprendre l'oubli dans lequel, dès son temps paraît-il, cet écrivain profond, correct, parfois puissant, souvent aussi élégant, est tombé, sans qu'aucun lettré ou à peu près ait essayé de relever la mémoire et l'écrit d'un poète qui ne dépare pas le siècle d'Auguste.

[1] Lorsqu'on parle des *Géorgiques* de Virgile, il est évident que le mot de *Georgicon* est un génitif pluriel : *Georgicon libri IV*, le mot grec γεωργικό; donnant son génitif pluriel, au lieu du latin *georgicorum*. Mais ici le doute est permis. S'agit-il d'un traité sur les questions astronomiques, ou d'un résumé d'astronomie et de matières s'y rattachant ? Quant à l'ouvrage de Pétrone dont il est parlé plus loin, la question nous paraît devoir se trancher en faveur de l'*omicron* contre l'*oméga* : Le *Satyricon* est moins, en effet, un recueil de satires, qu'un badinage, qu'une satire en prose et en vers dans le genre des Ménippées. Les latins ont tiré *satiricon* de *satura*, *satyra*, ou *satira*, comme *elegidarion* d'*elegia*, ou *epigrammaticon* d'*epigramma*. Pratiquons ici la maxime chrétienne : *In dubiis libertas !* et laissons penser autrement ceux qui ne sont pas de notre avis !

Fataliste, nous avons vu qu'il l'était ; épris de la notion de Loi, avide d'ordre, il attribuait aux astres cette influence fatale qu'ils avaient beaucoup moins que ne le croyaient ses contemporains et qu'ils ont beaucoup plus que ne l'ont admis les sceptiques des temps modernes. Après son bel exorde, très philosophique aussi, sur les premiers observateurs des astres, sur les débuts des sciences humaines,

> Carmine divinas artes et conscia fati
> Sidera diversos hominum variantia casus,
> Cœlestis rationis opus, deducere mundo
> Aggredior ; primusque novis Helicona movere
> Cantibus, ad viridi nutantes vertice silvas
> Hospita sacra ferens, nulli memorata priorum. . .
> (L. I, v. 1 sq.)

> Jam propiusque favet mundus scrutantibus ipsum,
> Et cupit æthereos per carmina pandere censum. .
> Quem primun interius licuit cognoscere cœlum,
> Munere cœlestium ? quis enim, condentibus illis
> Clepsisset furto mundum quo cunta reguntur ? etc. [1]
> (l. I, v. 2, 25).

Manilius passe en revue avec autant de précision que de pénétration et de talent, les questions d'origine, les diverses opinions des philosophes à cet égard, les différentes hypothèses faites jusqu'alors au sujet des éléments, de la terre, du ciel et des astres. Il décrit en observateur et en poète les signes du zodiaque et les constellations, les fameux

---

[1] Il ne faut pas oublier quand on lit Manilius que, pour lui, la nature, le monde, les dieux ou Dieu, sont une seule et même chose.

cercles de la sphère, au nombre desquels il place la voie lactée dont notre pauvre petite terre et tout le système dont elle dépend ne font — c'est reconnu de nos jours — qu'une infime et obscure portion.

Tout ce passage est admirable (I, 661-780) : citons-en seulement quatre ou cinq vers :

> Nec mihi celanda est famæ vulgata vetustas
> Mollior. e niveo lactis fluxisse liquorem
> Pectore reginæ divum, cœlumque colore
> Infecisse suo ; quapropter lactens orbis
> Dicitur et nomen causa descendit ab ipsa.
>
> (I. 725-730).

De même Alfred de Musset dans *Une bonne fortune* : XXXIV, *Poésies nouvelles* :

> Une goutte de lait dans la plaine éthérée
> Tomba, dit-on, jadis, du haut du firmament.
> La Nuit qui, sur son char. passait en ce moment,
> Vit ce pâle sillon sur sa mer azurée.
> Et secouant les plis de sa robe nacrée.
> Fit au ruisseau céleste un lit de diamant.
>
> (Voir aussi les deux strophes suivantes.)

Nous sommes obligés pour Manilius comme pour Lucrèce, de renoncer à des citations étendues, qui pourraient comprendre tout son poème, auquel nous devons renvoyer le lecteur. La comparaison entre les prodiges solaires qui annóncèrent les guerres civiles (Géorg. I) et les feux célestes qui prédirent les mêmes événements, d'après Manilius, est très nitéressante :

Non alias cœlo cecidernut plura sereno
Fulgura, nec diri totis arsere cometæ.
Ergo inter sese paribus concurrere telis
Romanas acies iterum videre Philippi;
Nec fuit indignum superis bis sanguine nostro
Emathiam et latos Hæmi pinguescere campos. . .

(Virg. Georg. I).

Civiles etiam motus, cognataque bella
Significant. Nec plura alias incendia mundus
Sustinuit. quam cum ducibus jurata cruentis
Arma Philippæos implerunt agmine campos.
Ossa virum. lacerosque prius superastitit artus. .

(I. 881 sq.)

Sans doute, Virgile est plus poète; mais, pour un écrivain scientifique, les vers de Manilius ne sont pas à dédaigner.

Il nous semble que la fin de son premier livre n'est point absolument indigne d'être rapprochée de la fin admirable du premier livre des Géorgiques.

Les Cosmogonies d'Homère, d'Hésiode, de tous les vieux poètes, sont ensuite exposées par ce véritable poète qui s'applaudit, non sans raison, d'être le premier qui ait entrepris de chanter et de classer philosophiquement les propriétés et les énergies des astres. La mécanique céleste n'est point, selon lui, au-dessus de la portée de l'intelligence humaine, et plusieurs de ses vers semblent être bien moins des souvenirs des superstitions passées que de poétiques prophéties des grandes lois de Newton. Passons-lui ses développements bizarres,

sur l'influence particulière au point de vue indivi-
duel ou social de tel ou tel signe céleste, comme
nous passons à Gall et à Spurzheim leur localisa-
tion hâtive des facultés intellectuelles et morales
dans tel ou tel point du cerveau.

Elles sont d'un philosophe, et d'un philosophe
moderne, les dissertations de Manilius, surtout à
l'exorde magnifique de son quatrième livre, — dans
lesquelles il oppose au caprice divin que croyait la
foule, les lois irréfragables de la nécessité[1].

L'épisode d'Andromède[2], d'une beauté toute vir-

[1] Voir les vers cités plus haut, p. 116, et lire dans Manilius
lui-même le résumé de l'histoire romaine où il montre la
fatalité triomphante, dans tous les succès et les revers de la
Ville éternelle et de ses grands hommes (IV, 23-68).

[2] Plusieurs trouvent cet épisode digne de Virgile et nous
souscrivons à cet avis. Quel tableau plus touchant et plus
gracieux que celui d'Andromède enchaînée sur le rocher :

> Supplicia ipsa decent. Nivea cervice reclinis
> Molliter ipsa, suæ custos et ipsa figuræ
> Defluxere sinus humeris, fugitque lacertos
> Vestis, et effusi scapulis lusere capilli.
> Te circum Alcyones pennis planxere volantes,
> Fleveruntque tuos miserando carmine casus[1]
> Et tibi contextas umbram fecere per alas.
> Ad tua sustinuit fluctus spectacula pontus,
> Assuetasque sibi desiit perfundere ripas.
> Extulit et liquido Nereis ab æquore vultus ;
> Et casus miserata tuos roravit et undas.
> Ipsa levi flatu referens pendentia membra
> Aura per extremas resonavit flebile rupes. . .
>   (Astron. V. 553-564)

[1] Ch.-André Chénier, *La jeune Tarentine* :

> Pleurez, doux Alcyons ; ô vous, oiseaux sacrés,
> Oiseaux chers à Thétis, doux alcyons, pleurez !

gilienne, sera toujours admiré des amateurs des lettres anciennes. D'autre part, la classification par Manilius, qui se trouve ici très supérieur à Lucrèce. des
étoiles selon leurs différentes grandeurs, n'a point
à souffrir des progrès de la science, même contemporaine.

Bien loin de reprocher à ce poète l'obscurité dont
ont parlé des critiques étrangers à la science comme
à la philosophie, nous trouvons que, dans les systèmes qu'il expose et dans l'exposition même du
sien, il a apporté de la variété, de la profondeur,
et même de la clarté. Nous ne parlons pas de la
remarquable originalité d'esprit avec laquelle il a
abordé et traité un sujet à peu près nouveau.

XIV

Les deux Sénèque.

Nous voici maintenant dans la période de décadence, comme on l'appelle ; cette décadence, nous l'avons vue commencer au sein même du siècle d'Auguste, avec Ovide et les versificateurs qui, comme lui, se préoccupent plus de la forme que de l'idée. Maintenant, ce ne sera point l'idée, mais la forme qui manquera. Lucain sera inférieur à Virgile, Perse et Juvénal à Horace, et cependant, chez ces deux derniers surtout, la pensée sera plus forte que celle de leur prédécesseur.

Nous n'avons pas voulu parler de Cicéron philosophe à propos de Cicéron poète ; nous ne parlerons pas davantage de la philosophie de Sénèque, des doctrines de l'auteur des épîtres à Lucilius, à propos de Sénèque le Tragique. Malgré les doctes dissertations qui les veulent identifier, nous ne saurions considérer comme un stoïcien, l'auteur des *Troades* qui nous dit qu'« il n'y a rien après la mort et que la mort elle-même n'est rien ». Il nous paraît plutôt un disciple d'Epicure, quoique les Romains aient tellement mêlé les idées philosophiques qu'il nous soit fréquemment impossible de nous y reconnaître.

Toutes les preuves philosophiques que l'on s'est plu à donner de l'identité de Sénèque le Philosophe avec Sénèque le Tragique n'ont point su nous convaincre : outre que l'on est obligé, dans cette hypothèse, de chercher un auteur différent pour la tragédie d'*Octavie* qui ressemble tant cependant aux autres et qu'il est impossible d'attribuer au précepteur de Néron.

Voici la généalogie des Sénèque dont il est parlé dans l'histoire :

1. Marcus Annaeus Seneca (le Rhéteur).

2. Annaeus Novatus (adopt. Junius Gallio). Ann. XV, 73.
3. Lucius Annaeus Seneca (le philosophe).
4. Lucius Annaeus Mela *(grande adjumentum claritudinis)* XVI. 17.

5. Marcus Annaeus Lucanus.

Ces Sénèque étaient d'assez tristes personnages, et la peur les rendait capables de toutes les bassesses. Le philosophe applaudit à l'empoisonnement de Claude, accepta une part des biens de Britannicus empoisonné, exila Suilius, son ennemi personnel, conseilla le meurtre d'Agrippine, et tout au moins rédigea la justification de ce parricide, écrivit ses maximes stoïciennes, au sein du luxe le plus raffiné ; cependant il sut mourir.

Il n'en fut pas de même de Lucain, qui tenta d'échapper en accusant sa mère, ni d'Annæus Mela, père de Lucain et frère de Sénèque, qui se jeta avidement sur les biens de son fils condamné, afin de montrer qu'il approuvait son supplice, que Néron, peu touché de cette marque d'adhésion, le contraignit à partager.

'Quant à l'aîné de la famille, Junius Annæus Novatus, Gallion depuis son adoption, il ne paraît pas avoir eu plus de courage, s'il a eu moins de malheurs. Il fut épouvanté par la mort de son père et se répandit en supplications pour ne point partager son sort : « Junium Gallionem, Senecæ fratris morte pavidum et pro sua incolumitate supplicem » Annal. XV, 73. Il est vrai que les délateurs commençaient à se mettre à ses trousses et qu'il ne leur échappa qu'à grand'peine.

C'est égal, nous préférons, en présence de tous ces Sénèque connus, ne pas connaître le Tragique ; il nous est, au moins, loisible de lui supposer toutes les vertus.

Pour en revenir à Gallion, ce n'était pas un méchant homme. Il était proconsul d'Achaïe quand les juifs traînèrent saint Paul à Corinthe, devant son tribunal : Γαλλίωνος δὲ ἀνθυπατεύοντος τῆς Ἀχαΐας.... (Act. XVIII, 12). Il relaxa l'apôtre, et laissa rosser par les Grecs, Sosthènes, chef de la synagogue.

Mais rien ne nous dit que ces *Annæi*, dont trois, le philosophe, le père de Lucain et l'auteur de la *Pharsale*, périrent par ordre de Néron, aient été les seuls. Les commentateurs parlent d'un certain Sénèque, descendant du philosophe, qui aurait vécu sous Trajan, d'autres de deux ou trois Sénèque.

Les quatre premières tragédies seulement ont été attribuées au philosophe par Juste Lipse, Daniel Heinsius et la plupart des anciens commentateurs. Le même Heinsius veut que l'*Hercule furieux*, *Thyeste*, *Œdipe* soient de Sénèque le rhéteur. Les *Phéniciennes*, regardées par quelques-uns comme le chef-d'œuvre de Sénèque, doivent être, d'après d'autres savants, attribuées à un auteur du siècle d'Auguste. *Hercule sur l'Œta* a été considéré, par quelques-uns, comme un ouvrage de la jeunesse de Lucain. Un ancien manuscrit lui donne pour auteur Sénèque le père. Joseph Scaliger croit qu'*Octavie* est de Scæva Memor, poète du temps de Domitien. Vossius l'attribue à l'historien Florus !

D'autre part, M. Nisard [1], comme il sent la faiblesse des arguments qu'il emploie pour attribuer toutes

---

[1] *Etudes sur les poètes latins de la décadence*, par D. Nisard. I, p. 50.

ces tragédies au philosophe, imagine une hypothèse tout aussi hasardée :

Il regarde les dix tragédies comme un « ouvrage de famille », où *tous les Sénèque* auraient contribué, un monument domestique, *Senecanum opus*, « car tous les membres de cette famille se sont occupés de vers et de prose! » Lucain, pour sa part, serait l'auteur d'*Octavie!* [1]

L'invraisemblance de cette supposition saute aux yeux tout d'abord, alors même que l'unité du style et la méthode de toutes les tragédies ne la démentiraient pas.

Levée, éditeur du Théâtre des Latins, dans une dissertation placée en tête de sa *Traduction nouvelle des tragédies romaines*, s'appuyant sur ce vers de Martial :

Et docti Senecae ter numeranda domus;

ce qui, selon lui, désigne Sénèque le père, Sénèque le philosophe, et Lucain, fils de Novatus, incline aussi à croire que Sénèque, le philosophe, est l'auteur des tragédies.

Mais pourquoi tous ces écrivains négligent-ils ce passage assez décisif de Sidoine Apollinaire établissant qu'il faut chercher un autre Sénèque comme au-

---

[1] *Etudes sur les poètes latins de la décadence*, par D. Nisard. I, p. 94.

teur du *Théâtre* qui a paru sous le nom du philosophe [1] :

> Non quod Corduba praepotens alumnos.
> Facundum ciet, hic putes legendum,
> Quorum unus colit hispidum Platona
> Incassumque suum monet Neronem ;
> Orchestrum quatit alter Euripidis, etc.

L'existence des deux frères, tous deux distingués
dans les lettres, est ici bien constatée.

D'ailleurs, il nous suffit, pour nous, de démontrer, par la preuve interne, la diversité des deux
auteurs, l'opposition des idées du philosophe et du
tragique. Le reste importe peu.

Il est, en effet, inexact, nous venons de le dire, et
cette preuve est pour nous la meilleure, que la philosophie du Tragique soit celle de l'autre Sénèque.
Le Tragique nous paraît vraiment épicurien ; si l'on
trouve dans ses pièces quelques passages qui rappellent l'Académie ou le Portique, nous n'avons
qu'à nous souvenir de l'éclectisme déjà constaté
par nous et bien connu d'ailleurs des auteurs romains lorsqu'ils se mêlaient de philosophie, et dont
Cicéron, en particulier, nous est un exemple frappant.

Dans Sénèque le philosophe, cet éclectisme inhé-

---

[1] L'abbé Coupé, traducteur du théâtre de Sénèque, n'hésite
pas à proclamer Annaeus Novatus Gallion, frère du philosophe, comme l'auteur des dix tragédies.

rent au tempérament des Latins se manifeste assurément :

D'abord élève du pythagoricien Sotion, il se range
au stoïcisme, sous Attalus ; sans négliger la philosophie cynique de Démétrius, se délectant tour à
tour avec les systèmes de Chrysippe, d'Epicure et
de Platon ! Et personne cependant ne s'est avisé
d'en faire autre chose qu'un stoïcien.

Cela admis, l'épicurisme du Tragique nous paraît aussi facile à constater que le stoïcisme de son
illustre homonyme.

Le ton sentencieux de la plupart des vers, la
manie des maximes, les discours moraux, n'ont
rien de particulièrement stoïcien. L'écrivain romain,
soit en prose, soit en vers était pédant de sa nature,
et ce qui nous est resté des *Mimes*, ne fût-ce que
les sentences attribuées à Publius Syrus, nous en
fourniraient une suffisante preuve. Ajoutons que
ces tragédies injouables ou du moins difficiles à
jouer sans ennuyer profondément les spectateurs,
devaient participer, plus que toute autre production,
à cette manie de dogmatiser qui était le propre de
l'esprit romain.

Si certains stoïciens sont fatalistes, tous les épicuriens le sont.

On pourrait en dire autant de la plupart des écrivains romains. Manilius n'était ni stoïcien, ni épicu-

rien, et son fatalisme n'est pas plus accentué que celui du précepteur de Néron :

« Scis omnia certa et in æternum dicta lege decurrere. Fata nos ducunt et quantum cuique restat prima nascentium hora disposuit. Causa pendet ex causa ; privata ac publica longus ordo rerum trahit. » (Sen. *De providentia*, c. V.)

Quoi d'étonnant à ce que le Tragique exprime de semblables idées, s'il est partisan de Lucrèce et d'Epicure, et comment pourrait-on tirer de cette similitude d'idées entre les deux écrivains, une identité de doctrines et de personnalités ?

Sénèque le Philosophe parle de la divinité et de l'autre vie en des termes tels que les chrétiens ont pu parfois le croire des leurs et que de pieux faussaires ont pu imaginer une correspondance entre saint Paul et lui, à cause de l'analogie des morales et aussi parce que, comme nous l'avons vu, le frère aîné de Sénèque, appelé plus tard Gallion, à la suite de son adoption par la famille de ce nom, avait été proconsul à Corinthe et appelé à juger saint Paul.

Rien de semblable dans le Tragique ; il ne parle des dieux et de la vie future que d'une manière purement poétique et très vague.

S'il nous dit, avec la poésie grecque, que Priam erre paisiblement parmi les âmes pieuses, dans les ombrages de l'Elysée, à la recherche d'Hector,

> . . . . *Chor* : Felix Priamus
> Dicimus omnes ! Secum excedens
> Sua regna tulit, nunc Elysii
> Nemoris tutis errat in umbris
> Interque pias felix animas
> Hectora quærit, Felix Priamus !
>
> (Troades. Act. I. v. 156 sq.)

il montre, dans le même morceau, que même cette vague immortalité ne saurait être admise que par métaphore : « De même, dit-il, que la fumée épaisse qui s'élève du foyer embrasé n'est pas plutôt montée dans les airs, qu'elle s'évanouit ; de même, après la mort, l'esprit qui nous gouverne se dissipe ; *il n'y a rien après la mort et la mort elle-même n'est rien !* »

« Dans quel lieu, me demandez-vous, serai-je après la mort ? — Où vous étiez avant de naître. »

> . . . . Ut calidis fumus ab ignibus
> Vanescit spatium per breve sordidus :
> Ut nubes gravidas, quas modo vidimus.
> Arctoi Boreæ disjicit impetus ;
> Sic hic, quo regimur, spiritus effluet.
> *Post mortem nihil est; ipsaque mors nihil.*
> Velocis spatii meta novissima.
> Spem ponant avidi, solliciti metum.
> Quæris quo jaceas post obitum loco ?
> Quo non nata jacent ! . . .
>
> Troad. II. v. 392-401.

M. D. Nisard, qui a soutenu avec le plus d'insistance et le plus d'autorité l'identité des deux Sénèque, est contraint de dire à la fin de sa dissertation : « Je ne prétends pas que toutes ces ressemblances entre la morale des tragédies et des écrits philosophiques ne doivent laisser aucun doute sur leur communauté d'origine. » Cette concession est un aveu, et le critique est beaucoup moins convaincu qu'il ne le veut paraître. Ceux qui ont écrit après lui ont marché sur ses traces et ne sont pas plus concluants.

Telle aujourd'hui cette école de littérateurs et de critiques anglais qui prétendent que les drames de Shakespeare sont l'œuvre de Bacon de Vérulam, le chancelier philosophe et concussionnaire, et qui tirent leur argumentation des similitudes de pensée et de vocabulaire de l'auteur de *Macbeth* et de celui du *Novum Organum*. Ce sont pures imaginations, pures subtilités de raisonnement que de telles affirmations, dénuées d'ailleurs de preuves péremptoires et combattues, surtout en ce qui concerne l'unique Sénèque, par des différences de doctrines et de conceptions.

XV

Sénèque le Tragique.

Nous croyons sincèrement que si les critiques et
les littérateurs qui se sont consciencieusement éver-
tués, avec aussi peu d'originalité que peu de succès, à
identifier les deux Sénèque et à faire par conséquent
un stoïcien du Tragique, avaient eu quelque observation et quelque connaissance des sciences physio-
logiques et médicales, ils se seraient rapidement
aperçus de leur erreur.

Rien dans les tragédies, quand l'auteur s'aban-
donne à sa nature et non à son érudition classique,
qui concède quoi que ce soit au merveilleux, à
l'idéal, à l'esprit. Tout y est interprété naturellement, autant et plus même que dans Lucrèce. Les
héros de la Fable, dans leurs actions les plus célè-
bres, y sont étudiés, expliqués selon les règles de
la philosophie positive, pour employer ce terme

contemporain. Dans l'*Hercule furieux*, le héros, poursuivi par la haine de Junon, est pris brusquement d'un délire qui n'est point autre chose que le délire épileptique avec ses hallucinations, ses impulsions irrésistibles, ses furieuses colères :

— « Quel est ce mal soudain, dit Amphytrion, pourquoi portes-tu çà et là tes yeux ardents ? »

> . . . *Amph*. Quod subitum hoc malum ?
> Quo nate vultus huc et huc acres refers ?
> (Hercules furens. IV. 952).

L'Hercule halluciné, excité par les Furies, se croyant entouré de géants monstrueux, égorge successivement tous ses enfants et leur mère, malgré leurs supplications. Amphytrion, dans sa douleur, vient s'offrir à ses coups, mais la crise est passée, le héros tremble, chancelle et roule à terre sans mouvement. C'est la période médicale de *stertor*[1]. Aussi l'antiquité a-t-elle appelé à bon droit maladie *herculéenne* l'épilepsie, cette grande névrose convulsive.

> *Amph*. Nondun litasti. nate. consumma sacrum... .
> . . . Quid hoc est ? Errat acies luminum.
> Visusque mœror hebetat. An video Herculis
> Manus trementes ? vultus in somnum cadit.
> Et sessa cervix capite summisso labat :
> Flexo genu jam totus ad terram ruit !
> (IV, 1039-1046)

---

[1] Un *collapsus* général caractérise la dernière phase de l'accès. Les malades font alors entendre le ronflement *stertoreux* propre à tous les états comateux. (Littré et Robin. *Dictionnaire de médecine*. Art. *Épilepsie*.)

Dans l'autre tragédie de Sénèque, *Hercule sur l'Œta*, le rationalisme épicurien de l'auteur se manifeste avec plus d'évidence encore. Hercule a revêtu la fatale tunique, et sa mère Alcimène accourt, s'efforce d'adoucir ou de calmer ses atroces souffrances : « C'est la tunique », dit-il. — « Où est cette tunique, répond-elle ? aucun vêtement ne couvre ton corps ; ce n'est point le don d'une femme, ô mon fils, qui dévore tes membres, mais c'est la fatigue de tes durs travaux ; ce sont tes longs travaux qui t'ont procuré cette horrible maladie. »

Alcm. At unde in artus pestis aut ossa incidit ?
Herc. Aditum venenis palla fœmineis dedit.
Alcm. Ubinam ipsa palla est ? membra nudata intuor.
Herc. Consupta mecum est. *Alcm.* tantane inventa est lues ?

. . . .

Non virus artus. nate. fœmineum coquit ;
Sed dura series operis ; et longus tibi
Pavit cruentos forsitan morbos labor.

(IV, 1355 sq.)

Donc, point de merveilleux, Hercule est un épileptique qui, comme tous ses pareils, songe au suicide, et qui, comme beaucoup d'entre eux, s'y résoud.

Sénèque le Philosophe, qui se piquait, on le sait, de connaissances scientifiques[1], n'arrive jamais, en observations médicales, au réalisme et à la sûreté d'observation du Tragique, que cependant son genre

---

[1] Voir en particulier *Question. natur. l. VII.*

littéraire portait davantage à l'idéalisation. C'est avec la précision d'un médecin expérimenté, avec plus d'exactitude que Virgile et même que Lucrèce, que, dans son *Œdipe*, il décrit la peste et ses conséquences physiques et morales.

> Nec ulla pars immunis exitio vacat :
> Sed omnis ætas pariter et sexus ruit,
> Juvenesque senibus jungit, et gnatis patres
> Funesta pestis, una fax thalamos cremat :
> Fletuque acerbo funera et questu carent.
> Quin ipsa tanti pervicax clades mali
> Siccavit oculos : quodque in extremis solet,
> Periere lachrimæ, portat hunc æger parens
> Supremum ad ignem ; mater hunc amens gerit :
> Properatque, ut alium repetat in eumdem rogum.
> Quin luctu in ipso luctus exoritur novus,
> Suæque circa funus exequiæ cadunt.
> Tum propria flammis corpora alienis cremant,
> Diripitur ignis, nullus est miseris pudor.
> Non ossa tumuli sancta discreti tegunt.
> Arsisse satis est pars quota in cineres abit ?
> Deest terra tumulis ; jam rogos silvæ negant.
> Non vota, non ars ulla correptos levant.
> Cadunt medentes, morbus auxilium trahit. . . .
>
> (Œdipus I. v. 52-70 [1].)

Non seulement il nous dépeint, comme tout le monde, l'effroyable épidémie moissonnant sans distinction de sexe ni d'âge et frappant simultanément maris et femmes, pères et enfants, jeunes gens et vieillards, mais encore il nous décrit la panique qui résultait de la contagion, avec toute l'exactitude des philosophes modernes de l'école expérimentale :

[1] Lire la suite pour les symptômes.

Les morts sont jetés les uns sur les autres, les uns brûlés sur des bûchers qui pour d'autres avaient été préparés ; ces cadavres, incomplètement brûlés, sont enfouis dans des fosses communes, le bois manquant pour tant de bûchers, la terre pour tant de sépultures, et la peur, l'horrible peur, si bien décrite, il y a peu, par M. Mosso [1], annihilant toutes les différences sociales, brisant tous les liens, anéantissant toutes les affections comme toutes les convenances :

« Le malheur étouffe tout sentiment. » On l'a vu de nos jours dans les grands incendies comme celui du Prater de Vienne ou de l'Opéra comique de Paris, dans les grands tremblements de terre, comme celui de Menton ou de Casamicciola. Nous sentons que nous avons ici affaire, non point à un homme qui croit aux dieux, mais à un matérialiste savant et convaincu qui rapporte tout à des causes naturelles et dont le rationalisme ne respecte aucune légende, même parmi les plus sacrées.

Prenez son *Agamemnon* ; Cassandre, dans son inspiration prétendue, s'y montre en proie à un état nerveux, semblable à ces hystéro-épileptiques, à ces femmes atteintes du somnambulisme naturel ou provoqué, tel que nous le décrivent MM. Charcot,

---

[1] Voir *La Peur*, étude psycho-physiologique, par A. Mosso, prof. à l'Université de Turin ; trad. Félix Hément. Paris. 1886.

Richet et Beaunis ; mêmes mouvements convulsifs. même pâleur, mêmes bruyants soupirs ; sa vue se trouble, tantôt ses yeux sont hagards ou fixes, tantôt ils se retournent dans l'orbite ; la parole de la prophétesse est incohérente ; elle tombe enfin, semblable à la victime abattue devant l'autel, et la crise se termine par la résolution des muscles et la léthargie du sommeil.

> Silet repente Phœbas, et pallor genas.
> Creberque totum possidet corpus tremor.
> Stetere vittæ, mollis horrescit coma :
> Anhela corda murmure incluso fremunt.
> Incerta nutant lumina, et versi retro
> Torquentur oculi, rursus immites rigent.
> Nunc levat in auras altior solito caput
> Graditurque celsa ; nunc reluctantes parat
> Reserare fauces ; verba nunc cluso male
> Custodit ore. Mænas impatiens dei.
> . . . .
>
> (Agamemn. III. 710).

> Jam pervagatus ipse se fregit furor,
> Caditque : flexo qualis ante aras genu
> Cervice taurus vulnus incisa gerens.
> Relevemus artus entheos. . .
> (Agamemn. III, 775).

Dans *Hippolyte*, dont plusieurs traits ont inspiré Racine, la légendaire possession de Phèdre par Vénus est réduite à une simple nymphomanie.

La confidente de Phèdre, rationaliste comme l'auteur de la tragédie, déclare que la cause de la maladie de Phèdre n'est pas une divinité, mais son délire érotomane :

Deum esse Amorem, turpis et vitio favens
Finxit libido; quoque liberior foret
Titulum, furori numinis falsi addidit.
(Hipp. 1. 194).

Les symptômes confirment ce diagnostic sagace, et ne seraient pas récusés par les *psychiatres* modernes :

Torretur æstu tacito et inclusus quoque,
Quamvis tegatur, proditur vultu furor.
Erumpit oculis ignis, et lapsæ genæ.
Lucem recusant. nil idem dubiæ placet :
Artusque varie jactat incertus dolor.
Nunc ut soluto labitur moriens gradu.
Et vix labante sustinet collo caput.
Nunc se quieti reddit, et somni immemor
Noctem querelis ducit ; attolli jubet,
Iterumque poni corpus et solvi comas.
Rursusque fingi, semper impatiens sui
Mutatur habitus : nulla jam Cereris subit
Cura, aut salutis : vadit incerto pede. . . .
Non ora tingens nitida purpureus rubor. . .
Lachrimæ cadunt per ora. . . .
(Hipp. II, 362. sq.)

Et nous trouvons ici la constatation d'un fait que l'antiquité, que les modernes même n'avaient point noté, que l'observation contemporaine a mis en pleine lumière ; c'est que ce genre de maladie accompagne presque toujours l'opulence et l'oisiveté, la recherche dans le costume, dans la table, dans le logement. Mais la confidente de Phèdre aura beau recommander les aliments sans apprêt, les habits et les maisons sans luxe,

Quisquis secundis rebus exultat nimis,
Fluitque luxu. semper insolita appetit.

> Tunc illa magnæ dira fortunæ comes
> Subit libido, non placent suetæ dapes,
> Non tecta sani moris, aut vilis cibus.
> Cur in penates rarius tenues subit
> Hæc delicatas eligens pestis domos ?
> Cur sancta parvis habitat in tectis Venus,
> Mediumque sanos vulgus affectus tenet
> Et se coërcent modica ? . . .
>
> (Hipp. I, 203 sq.)

le mal est trop grand pour que des conseils le puissent guérir.

> Precor, furorem siste, teque ipsam adjuva :
> Pars sanitatis velle sanari fuit.
>
> (Id.. 248).

Phèdre ne veut pas être guérie ; elle aime le mal dont elle mourra et permettra au chaste et ignorant Hippolyte de se redire que « la femme est la reine de toutes les perversités ».

> . . . dux malorum fœmina : haec scelerum artifex
> Obsedit animos, cujus incesta stupris
> Fumant tot urbes, bella tot gentes gerunt.
> Et versa ab imo regna tot populos premunt
>
> (II. 559).

Les arguments que nous venons d'exposer nous paraissent écrasants à l'égard des partisans d'un Sénèque unique. M. Nisard qui ne les fournit naturellement pas, les a peut-être prévus, lorsque, après avoir longuement exposé et défendu l'opinion reçue, et remarquant que Sénèque le philosophe, si prolixe quand il parle de lui, dans ses traités et dans ses lettres, ne dit pas un mot de ses prétendues tragédies, finit par renoncer à la démonstration de l'identité des deux écrivains, et se tire d'affaire par une plaisanterie : « Comme la querelle, dit-il, n'aura jamais lieu qu'entre des commentateurs, il n'y a aucun inconvénient à ce qu'elle ne soit jamais vidée. » Si des commentateurs d'un caractère aussi tranchant sont de si bonne composition, c'est que leur cause est bien mauvaise, et la retraite du défunt académicien est, en faveur de notre thèse, un argument qui vaut presque tous les autres à lui seul.

XVI

Poésie stoïcienne.

Le jeune et prétentieux Lucain, ami et courtisan de Néron jusqu'au jour où la jalousie poétique du tyran lui défendit de publier des vers et l'entraîna exaspéré dans la conspiration de Pison, se montre, dans sa *Pharsale* déclamatoire, — parfois aussi vraiment épique, — stoïcien déterminé comme plusieurs membres de sa famille et républicain ardent.

Les contrastes les plus divers se sont disputé son éducation, et ont amené cette contradiction entre sa vie, ses écrits, sa mort, mélanges de faiblesse et de véhémence. Il fut l'ami de Néron et de Perse, l'élève de Sénèque et de Cornutus, passait des débauches de la cour au sévère cénacle des Thraséas et des Helvidius Priscus. Il mourut pour avoir conspiré, et était consul désigné pour l'année suivante!...

Le mécontent a-t-il fait le républicain et le républicain le stoïcien, ou bien l'influence stoïcienne de son milieu lui a-t-elle inspiré des vers républicains? Nous ne le savons, républicain et stoïcien étant alors synonymes. Nous pencherions cependant, au détriment de Lucain, pour la première hypothèse, ne voyant guère en lui qu'un poète irrité (faible de caractère, au demeurant, puisqu'il essaya de sauver sa vie en dénonçant sa propre mère) :

Lucanus. Quintianus et Senecio diu abnuere : post promissa impunitate corrupti, quo tarditatem excusarent. Lucanus *Aciliam matrem suam*, Quintianus Glitium Gallum. Senecio Annium Pollionem. amicorum praecipuos. nominavere (*Ann.* XV, 56) [1].

et qui, contraint de mourir, mourut en récitant ses vers :

. . . . profluente sanguine ubi frigescere pedes manusque et paulatim ab extremis cedere spiritum fervido adhuc et compote mentis pectore intelligit. recordatus carmen à se compositum, quo vulneratum militem per ejus modi mortis imaginem obisse tradiderat. versus ipsos rettulit, eaque illi suprema vox fuit (XV. 70).

Le malheureux, à vrai dire, n'avait que vingt-six ans.

Le stoïcisme de Lucain nous paraît donc de contrebande, pure coutume de famille, pur exercice de

[1] Il est possible que la pauvre femme, plus heureuse que son mari et que son fils. en ait été quitte pour la peur : « Acilia. mater Annaei Lucani. sine absolutione sine supplicio dissimulata. » (Ann. XV, 71.)

poète. Il tenait comme tout le monde et plus que quiconque à cette vie que le Portique apprenait à mépriser. Dans sa Pharsale, d'ailleurs, il avait félicité les Gaulois de « l'erreur » qui leur faisait croire que la vie persiste après le trépas et qui leur permet d'affronter sans terreur la mort, « qui est la plus grande de toutes les terreurs ». A ce cri d'épouvante et de sincérité, nous reconnaissons l'homme pusillanime, sous son stoïcisme d'emprunt :

> . . . . . vobis auctoribus umbrae
> Non tacitas Erebi sedes, Ditisque profundi
> Pallida regna petunt ; regit idem spiritus artus
> Orbe alio ; longae, canitis si cognita, vitae
> Mors media est. Certe populi quos despicit Arctos
> Felices errore suo, quos ille, timorum
> Maximus, haud urget lethi metus. Inde ruendi
> In ferrum mens prona viris, animaeque capaces
> Mortis, et ignavum reditura parcere vitae. . .
>
> (Phars. I).

Lucain était un orateur, encore plus qu'un poète. Il l'était de tempérament et possédait non seulement une éloquence véhémente dans la composition, mais encore toutes les qualités extérieures de l'orateur. Dans les jeux littéraires où il eut le malheur de disputer avec succès la palme à Néron, il conquit tous les suffrages par sa diction sonore, sa voix sympathique et la chaleur de toute son attitude. »

Quintilien dit de lui : « Lucanus... oratoribus magis quam poetis annumerandus. » C'est ce qui a fait sa faveur auprès des Français, amis du beau langage, comme leurs pères les Gaulois : « Il était une chose que les Gaulois aimaient presque autant que bien combattre : c'était parler finement, *argute loqui*. Voir Diodore de Sicile, l. IV : Ἀπειληταὶ, καὶ ἀνατατικοὶ, καὶ τετραγωνημένοι [1].

Montaigne loue Lucain, Corneille l'admire et l'imite, Brébœuf le traduit en vers plus emphatiques encore que ceux de l'original, et depuis le XVIIᵉ siècle, son succès n'est point encore épuisé, puisque M. Demogeot, écrivain littéraire grave et correct, n'a pas craint de proposer une traduction nouvelle de la *Pharsale* à nos contemporains, très peu accessibles cependant à l'épopée.

Le satirique Perse est encore un stoïcien et de meilleur aloi que le précédent.

Perse, originaire de Volterre *(Etrurie)*, fils d'un chevalier romain qui mourut de bonne heure, avait été élevé par sa mère Fulvia Sisennia, dans les maximes républicaines du stoïcisme le plus pur. Son maître de rhétorique, Virginius Flavus, fut exilé par Néron : nam Virginius studia juvenum eloquentia fovebat (Ann. XV, 71) ; son maître de philosophie et

---

[1] Les Gaulois, dans leurs assemblées politiques, s'obstinaient à garder la parole et à ne la point céder. Lorsque, par deux fois, l'orateur avait reçu l'ordre de se taire, l'huissier s'approchait, l'épée à la main, et coupait au récalcitrant un morceau de son vêtement qui devenait ainsi hors d'usage, ὅσον ἄχρηστον ποιῆσαι τὸ λοιπόν.

son « directeur de conscience », fut le célèbre Cornutus (Sat. V, 24). Il était le neveu de Thraséas, victime de Néron (Ann. XVI, 25), lequel était l'époux de la seconde Arria, digne fille de la première (la femme héroïque de Pætus), et mère elle-même de Fannia, qui fut la vaillante compagne d'Helvidius. C'est dans cette noble famille que se forma l'âme de Perse et que se développa son génie poétique, puissant autant qu'obscur dans son expression.

Elevé dans ce milieu qui conservait les vieilles traditions républicaines et professait le stoïcisme le plus strict; exempt des passions de son temps, qu'il avait en horreur, en sachant toutes les misères, mais prémuni contre elles en les dédaignant ; calme, serein, ne prenant même pas la peine de s'étonner, il constate toutes les turpitudes de cette époque, refrène comme indigne d'un sage, toute véhémente objurgation. Ce n'est pas que sous ses vers, volontairement obscurs et inaccessibles à la multitude, on ne discerne un cœur capable de s'irriter de tant de tyrannie d'une part, de tant de bassesse de l'autre (voir en particulier ce magnifique passage de la Satire III, 34 sq.),

> Magne pater divum, sævos punire tyrannos
> Haud alia ratione velis, quum dura libido
> Moverit ingenium, ferventi tecta veneno,
> Virtutem videant, intabescantque relicta !

mais il veut conserver la gravité d'un sage, l'impassibilité d'un homme pour qui la douleur n'existe point, semblable à cet écolier spartiate qui demeurait grave et impassible tandis qu'un renard lui dévorait les entrailles.

> Quorsum hæc? aut quantas robusti carminis offas
> Ingeris ut par sit centeno gutture niti?
> Grande locuturi nebulas Helicone legunto. . . . etc.
>   (Sat. V, 5 sq.)

Voir cette satire V tout entière.

Et aussi la satire II :

> O curvæ in terras animæ et cœlestium inanes! . . .
> Quin damus id superis, de magna quód dare lance
> Non possit magni Messalæ lippa propago?
> Compositum jus fasque animo, sanctosque recessus
> Mentis, et incoctum generoso pectus honesto.
>   (Sat. II, 61-71 sq.)

Quintilien décerne au jeune poète ce bel hommage : « Multum et veræ gloriæ, quamvis uno libro, Persius meruit. » (*Inst. orat.* l. X. § 1, VI, 1.)

Perse est l'enfant chéri non seulement des stoïciens de Rome, mais encore du jansénisme. Autrement sincère que Sénèque, autrement conséquent que le précepteur de Néron, que l'apologiste du meurtre d'Agrippine; l'élève de Cornutus, le noble et beau poète abonde en maximes pures, à la fois élevées et profondes, qui en font le Pascal anticipé d'une sorte de Port-Royal romain. Ses idées sont parfois sublimes, si son style est à dessein obscur. Dans ce siècle fataliste il réclame la liberté de l'âme, s'estimant heureux, absolument heureux si on la peut acquérir, même au sein du deuil de toutes ces libertés accessoires qu'avait supprimées l'empire, parce que cette liberté-là, nul tyran ne la peut enlever.

Juvénal est un stoïcien aussi, mais infiniment moins respectable et moins sérieux, à notre avis, quoique beaucoup plus intéressant au point du vue historique.

Le caractère purement poétique de son indignation factice se découvre dans presque toutes ses compositions. Voici par exemple une période véhémente, passionnée, que l'on est d'abord tenté de croire sincère, et qui finit paisiblement, par une épigramme qu'a imitée Boileau :

> Mais pour Cotin et moi qui rimons au hasard...
> (Sat. IX.)

contre un méchant poète nommé Cluvienus :

> Difficile est satiram non scribere. Nam quis iniquae
> Tam patiens urbis, tam ferreus, ut teneat se,
> Causidici nova cum veniat lectica Mathonis
> Plena ipso ? . . .
> Quem patitur dormire nurus corruptor avarae,
> Quem sponsae turpes et praetextatus adulter ?
> Si natura negat, facit indignatio versum,
> Qualemcumque potest : quales ego vel Cluvienus.
> (Sat. I. du vers 30 au v. 80).

Son talent, très remarquable, est fait de déclamation, son style est imagé, violent et diffus ; ce n'est pas qu'il ne sache trouver parfois des vers d'une singulière concision, tels que ce beau distique où il résume sa morale, toute à la stoïcienne :

Orandum est. ut sis mens sana in corpore sano.
Fortem posce animam. mortis terrore carentem.
(Sat. X. 356).

Il recommande de prier, mais il se moque des dieux (v. Sat. XIII, v. 39) et même en écrivant les deux beaux vers que nous venons de citer, il donne comme unique moyen d'obtenir ces grâces excellentes l'offrande des entrailles sacrées d'un petit cochon de lait tout blanc :

. . . . . candiduli divina tomacula porci ! . . . .
(v. 355).

Ces expressions comiques : *candiduli, tomacula* sont intraduisibles ; mais tout ceci suffit à nous prouver que le stoïcisme de Juvénal n'était pas sérieux.

Il connaît à merveille les mœurs infâmes de la Rome de son temps ; il la juge comme l'aurait pu faire un des vieux Romains des premiers âges de la République. La famille est anéantie ; la femme, avilie par le luxe et la superstition, et par les innombrables pratiques de la débauche orientale greffée sur la luxure italienne ; le Romain, dégradé par la servitude, la corruption et la cruauté ; Rome, l'antique Rome, maîtresse des nations, devenue le caravansérail de la Grèce, de l'Asie Mineure, de la Syrie, de l'Égypte ; les écrivains, les poètes, changés en courtisans abjects, n'ayant d'autre espérance, d'autre idéal que les libéralités de l'empereur.

En rapprochant ces peintures de celles de ces contemporains, nous ne saurions dire que Juvénal ait été *hyperbolique* comme le prétend Boileau :

> Juvénal, élevé dans les cris de l'école,
> Poussa jusqu'à l'excès sa mordante hyperbole.
> (Boileau, Art. poét. II, 1-8.)

mais il nous paraît qu'il décrit les mœurs de son temps avec une exactitude qui ressemble, malgré ses anathèmes, à de la complaisance, et qu'il ait été pour quelque chose dans les voluptés qu'il flétrit[1].

---

[1] Voir, à ce point de vue, la Satire VI presque tout entière, l'épisode de Messaline (v. 115) et le reste : 307 jusqu'à 434, en particulier.

XVII

Le Satyricon.

C'est sans doute aux environs de cette période littéraire que vécut et qu'écrivit Pétrone, l'auteur du *Satyricon*, ouvrage impossible à analyser, que l'auteur, malgré certains biographes trop bien informés, n'a pu rédiger après s'être ouvert les veines par l'ordre de Néron. On ne peut dire si même cet écrivain vécut sous Néron, et s'il est vraiment le Pétrone dont il est assez longuement question dans Tacite. Son livre étrange autant qu'instructif, correct autant que cynique, où nous trouvons décrites toutes les ignominies de cette époque de sang et de boue, nous appartient par sa meilleure part, par les nombreux morceaux poétiques qu'il contient.

On trouve réunies dans Pétrone seul, quand il n'est pas défiguré par l'ignorance des copistes, toute l'observation de Plaute, toute la grâce de Cicéron ; et Juste-Lipse l'appelle *auctor purissimæ impuritatis*. Telle était l'admiration du vainqueur de Rocroi pour Pétrone, qu'il pensionnait un lecteur uniquement chargé de lui réciter le *Satyricon*. En parlant du poème de la *Guerre civile*, dans lequel Pétrone, dit-on, prétendit lutter contre Lucain, l'abbé Desfontaines s'écrie : « Quelle finesse dans la peinture des vices des Romains et des défauts de leur gouvernement ! que d'esprit dans ses fictions ! Ces beautés sont relevées par un style mâle et nerveux, en faveur duquel on doit pardonner au poète quelques fautes contre l'élocution et certains traits qui sentent le rhéteur. »

Nous ne sommes pas sûr que l'excellent abbé soit juste en prétendant que Pétrone ait été, même dans les traits isolés, le rhéteur qu'il dit ; il nous paraît, comme à Fréron lui-même, cet homme de goût qui a eu le courage et le malheur de s'attaquer à Voltaire, « toujours fin et délicat », coulant et facile dans sa narration et « admirable dans ses vers ».

Le Pétrone poète, généralement plus chaste (pas toujours !) que le prosateur, soit qu'il ait été entraîné par la décence de la poésie, soit que, dans sa prose, il ait dû décrire des scènes et des mœurs que l'on n'aurait su même indiquer dans un style plus retenu, se montre, non seulement supérieur à l'emphatique Lucain dans les passages où il a lutté avec lui, mais encore aux érotiques du siècle d'Auguste et parfois égal à Lucrèce lui-même.

Saint-Evremond, épicurien lui-même, trouve dans ses vers « une force agréable, une beauté naturelle » qui le mettent au-dessus de ceux qui l'ont précédé : « Je ne sais, dit-il, si je ne me trompe, mais il me semble que Lucrèce n'a pas traité si agréablement la matière des songes, » etc., etc.

Le fragment poétique principal, le poème sur la *Guerre civile* égale Lucain et nous paraît même le surpasser. Il nous y semble trouver quelque chose de la sobre élégance de Virgile et de la fière énergie de Lucrèce :

> Orbem jam totum victor Romanus habebat,
> Qua mare, qua terræ, qua sidus currit utrumque ;
> Nec satiatus erat. Gravidis freta pressa carinis
> Jam peragebantur. Si quis sinus abditus ultra,
> Si qua foret tellus, quæ fulvum mitteret aurûm,
> Hostis erat : fatisque in tristia bella paratis,
> Quærebantur opes, etc.
>
> (T. Petr. Arb. *Satyricon* CXIX)[1].

Ici et ailleurs, l'écrivain s'inspire des plus pures maximes du stoïcisme ; en d'autres passages, c'est Epicure qui parle sur des mètres divers, par la bouche de ses sectateurs les plus impurs.

---

[1] Il est moins heureux quand il veut se mesurer avec Virgile. Comparez l'épisode de Laocoon (*Saty*. C. LXXXIX, et *Eneid*. l. II. v. 229. sq.)

> Huc, huc convenite nunc, spatalocinædi etc.
>
> (C. XXIII.)

L'esprit général est bien celui des derniers et la conclusion est que l'on doit vivre tant que l'on vit agréablement.

Il y a cependant de bien beaux vers où Pétrone lutte avec Lucrèce, et arrive à l'atteindre, comme il surpasse Lucain. Tel, le passage sur les songes (c. CIV) :

> Somnia quæ mentes ludunt volitantibus umbris
> Non delubra deum, nec ab aethere numina mittunt :
> Sed sibi quisque facit. . . . etc.

Comparer avec Lucrèce (*De natura rerum* IV, v. 956 sq). Tel encore ce beau fragment sur l'origine des religions (fragm. V) :

> Primus in orbe deos fecit timor[1] : ardua cœlo
> Fulmina quum caderent, discussaque mœnia flammis :
> Atque ictu flagraret Athos : mox Phœbus ad ortus,
> Lustrata devectus humo : Lunæque senectus.
> Et reparatus honos ; hinc signa effusa per orbem.
> Et permutatis disjunctus mensibus annus·
> Projecit vitium hoc : atque error jussit inanis
> Agricolas primos Cereri dare messis honores :

---

[1] Ce mot de Pétrone : *Primus in orbe deos fecit timor,* a été repris depuis par d'autres poètes, et sa célébrité même l'a fait depuis longtemps attribuer à Lucrèce, par ceux qui n'ont pas pris la peine de lire le *De natura rerum*. Le roi Louis XVIII était dans ce cas. Ce prince, qui se piquait de latinité, recevant un jour M. de Pongerville, l'académicien traducteur de Lucrèce, lui demanda, pour faire le connaisseur : « Comment avez-vous traduit le fameux passage *Primus in orbe?* etc. » Le spirituel courtisan, ne voulant pas montrer l'ignorance du

> Palmitibus plenis Bacchum vincire : Palemque
> Pastorum gaudere manu : natat obrutus omni
> Neptunus demersus aqua : silvasque Diana
> Vindicat. Et voti reus, et qui vendidit orbem.
> Jam sibi quisque deos avido certamine fingit.

Il est très curieux de comparer ce beau passage avec celui où Lucrèce exprime les mêmes idées. Pour nous, l'avantage est tout à Pétrone :

> Nunc quae causa Deum per magnas numina genteis
> Pervolgarit. et ararum compleverit urbeis : . . .
> Unde etiam nunc est mortalibus insitus horror
> Qui delubra Deum nova toto suscitat orbi
> Terrarum. . . .
> Praeterea, Coeli rationes ordine certo.
> Et varia annorum cernebant tempora verti;
> Nec poterant quibus id fieret agnoscere causis :
> Ergo perfugium sibi habebant omnia Divis
> Tradere. et illorum nutu facere omnia flecti.
> *(De nat. rer.. l. V. 1160 et sq.)*

Cependant, la mélancolie du vieux monde penchant vers son déclin, saisit quelquefois Pétrone et lui inspire des tristesses qui attendrissent sa satire et font grimacer son rire ; et c'est avec nous ne savons quel sentiment de respect et même d'émotion que nous discernons, sous les ineptes bouffonneries de Trimalchion les rites séculaires agonisant, la

---

roi, fabriqua aussitôt un vers : « Sire, dit-il, je l'ai traduit ainsi :

La crainte dans le monde a créé les faux dieux !

— « Ha! ha! monsieur de Pongerville, lui dit le monarque joyeux, je vous prends en flagrant délit d'infidélité! Les *faux* dieux! Lucrèce en a dit bien davantage! » Et ils se séparèrent très satisfaits l'un de l'autre, et riant l'un de l'autre tous deux, l'académicien, sous cape, et le roi, très bruyamment.

religion expirante des jours qui ne sont plus, les oracles si longtemps consultés et maintenant dédaignés, les sibylles réduites au silence, autant par le doute de leur propre génie et leur manque toujours croissant de foi envers le dieu inspirateur, que par l'éloignement de la foule incrédule ou à la recherche de dieux nouveaux; c'est toute l'antiquité qui s'écroule, c'est toute la vieille religion, la vieille philosophie, la vieille civilisation, qui, par la bouche de la Sibylle de Cumes, aux petits enfants qui se jouent d'elle et qui lui demandent : « Sibylle, que veux-tu? » répond seulement : « Je veux mourir. »[1]

[1] On trouve ce précieux indice au milieu des extravagances que débite Trimalchion : « Nam Sibyllam quidem Cumis ego ipse oculis meis vidi in ampulla pendere ; et quum illi pueri dicerent : Σίβυλλα, τί θέλεις; respondebat illa, ἀποθανεῖν θέλω. » (*Satyricon*, c. XLVIII, *fin.*)

XVIII

La seconde décadence.

L'Espagnol Martial, venu à vingt ans à Rome pour
étudier la jurisprudence, y passa trente-cinq ans à
composer des épigrammes, se *rangea*, à cet âge
avancé, au point de retourner dans son pays, d'y
épouser une femme riche et d'y mourir d'ennui peu
de temps après.

Poète vénal, célébrant successivement ceux qui
payaient ses éloges et criblant des traits les plus acé-
rés de sa satire ceux qui ne voulaient plus le payer, il
lèche et il mord tour à tour. La philosophie n'a
rien à emprunter à ce personnage, sinon la peinture
des mœurs d'une période plus méprisable encore
que la précédente. Stoïcien par antithèse, il est épicurien en réalité ; méprisant les biens quand ils
sont hors de sa portée, il sait les vanter quand il
est admis à en jouir. Quand il est sans argent, il prêche

la vertu, et cesse d'être vertueux quand l'état
de sa bourse lui permet de ne plus l'être. Ce serait
lui faire trop d'honneur que de systématiser ses
idées ; c'est un bohème, un jouisseur, un sceptique
et non point du tout un philosophe.

Ce Martial avait cependant d'assez bonnes rela-
tions et des amitiés sincères, ce qui montre combien on était peu difficile à cette époque sur les
règles même les plus élémentaires de la morale.
Il était lié avec Juvénal, qu'il appelle son ami, ce
qui confirme ce que nous avons dit, du fond qu'il
faut faire sur les indignations vertueuses du Satirique :

AD MALEDICUM.

Cum Juvenali *meo* quæ me commitere tentas,
Quid non audebis, perfida lingua loqui ?
Te fingente nefas, Pyladem odisset Orestes,
Thesea Pirithoi destituisset amor.

Stace, son contemporain, était lui-même fils d'un
grammairien qui fit sa réputation par un poème sur
le *Capitole*. Il publia de bonne heure des vers trop
vite applaudis et se crut grand poète, parce qu'il célé-
brait aux acclamations de ceux qui le payaient, la
mort d'un chien, ou d'un perroquet, ou du lion
favori de Domitien.

Il composa son poème épique, la *Thébaïde*, qui,
comme au XVIIe siècle, la *Pucelle*, de Chapelain,
excita longtemps l'attention publique avant que de

paraître, mais dont la lecture publique, faite par l'auteur, ne provoqua aucun applaudissement. Pastiche froid et prétentieux de l'antiquité, ce poème n'éveille en nous aucune noble pensée, si ce n'est celle d'aller nous purifier des banalités de ce travail d'école aux sources vives des épiques et des tragiques grecs.

L'insuccès de sa *Thébaïde* lui fut d'autant plus pénible qu'il était pauvre :

> Curritur ad vocem jucundam, et carmen amicæ
> Thebaïdos, lætam fecit quum Statius urbem,
> Promisitque diem, tanta dulcedine captos
> Afficit ille animos, tantaque libidine vulgi
> Auditur ! Sed, quum fregit subsellia versu,
> Esurit, intactam Paridi ut vendat Agaven.
>> (Juvénal. *Sat.* VII. 52 sq.)

Pour ce qui est de l'*Achilléide,* nous n'en avons que deux chants : s'il eût été terminé, ce poème aurait de beaucoup dépassé la *Thébaïde* en longueur, et cependant tous ces poèmes n'étaient, pour leur auteur, que des essais, que des préparations à un poème épique autrement intéressant, un poème consacré à transmettre à la postérité les hauts faits de Domitien !!

Si Virgile lui-même a échoué dans l'épopée, que dire de l'audace d'un déclamateur comme Stace, d'un pédant comme Ronsard, d'un sceptique comme Voltaire ! L'épopée suppose un *merveilleux* auquel croient à la fois et le poète et le public auquel il s'adresse.

Ni dans la *Thébaïde*, de Stace, ni dans ce qui nous reste de son *Achilléide*, ni dans ses *Silves*, nous ne pouvons trouver aucune indication topique de l'école philosophique à laquelle il a pu appartenir, si jamais ce versificateur a pu appartenir à une autre école qu'aux écoles de déclamation.

Nous en dirons autant du poème de Silius Italicus sur la *Guerre Punique*.

Silius Italicus était un courtisan comme Stace, et même un peu moins qu'un courtisan, puisqu'il se fit délateur sous Néron (Plin. Epist. III, 7).

C'est un ennuyeux imitateur de Nævius, d'Ennius, de Virgile et de Tite-Live ; son merveilleux est glacial parce qu'il n'est pas sincère dans ses innombrables vers ; la pensée est absente si le style et pur.

Valérius Flaccus et ses *Argonautes* ne sont pas plus utiles à la philosophie.

Quintilien prisait cependant le talent de Valérius Flaccus, ce qui permet de supposer qu'il est mort jeune, et que ses écrits, loin d'être les fruits de sa maturité, ne furent que de belles espérances : « Multum in Valerio Flacco nuper amisimus ». Inst. orat. I. 10 c. 1 § VI, 1).

Il est de même inutile pour nous de consulter les derniers poètes de l'empire romain.....

Dans cette décadence de la décadence même, nous retrouvons, très inférieurs à ceux de leurs prédécesseurs de la fin du siècle d'Auguste, qui du moins avaient la langue pour eux, d'innombrables poèmes didactiques sur la géographie, l'astronomie, la chasse et la pêche, la culture des arbres, etc., etc.

Nous avons déjà marqué le goût des périodes de décadence pour la poésie descriptive. Ce goût se développe naturellement dans cette sombre époque :

Profitant de ce que Virgile avait, dans ses *Géorgiques*, abandonné à un autre, faute de place, la culture des jardins :

Verum hæc ipse equidem spatiis exclusus iniquis
Prætereo, atque aliis post me memoranda relinquo.
(Georg. IV. 147).

L. Junius Moderatus Columella (Columelle), qui appartient à l'âge précédent, avait fait un grand ouvrage en prose *de Re rustica*, avec un dixième livre *sur les jardins*, écrit en vers à la demande de son ami Silvinus. A la suite de ce soi-disant « continuateur de Virgile », Palladius écrivit un poème *De insitionibus arborum*.

On a conservé le *Cynegeticon* de Nemesianus (ou Olympius ?), pâle reflet de celui de Gratius Faliscus, dont nous avons parlé ; les *Phenomèna* et les *Pronostica aratca* qui sont des imitations et des paraphrases d'Aratus (dont Cicéron a très convenablement traduit les *Phénomènes*), d'un certain Festus Avienus, personnage consulaire auquel on doit encore, paraît-il, sans lui en être le moins du monde reconnaissant, des poèmes géographiques : les *Oræ maritimæ* et la *Descriptio orbis terrarum*.

Ni les églogues de Calpurnius, ni les poésies de Claudien, ni celles du Gaulois Rutilius Numatianus, ce violent ennemi des Juifs et des chrétiens, ne sauraient nous arrêter un instant.

Les *Bucoliques* de C. Julius Calpurnius Siculus sont des pastiches et souvent des plagiats de celles de Virgile, sauf qu'il applique les prédictions de l'Eglogue IV à l'empereur Carus et à ses deux fils (Carin et Numérien). Il est vrai que nous avons vu M. Benoist, le savant éditeur et commentateur de Virgile, les reporter sur un enfant de Pollion, parce que l'églogue était dédiée à ce consul! En somme, ce beau spondaïque :

Cara deum soboles, magnum Jovis incrementum !

semble aussi applicable aux rejetons de Carus qu'à la progéniture de Pollion.

Le sang romain est devenu incolore, incolore sa poésie ; plus de poètes, des versificateurs à gages ; plus de philosophes, plus d'idées, plus de pensées. Il est temps que le rude balai de la Barbarie vienne pousser dans le cloaque toutes ces putréfactions.

XIX

L'immortalité chez les Romains.

On le voit par les poètes, autant pour le moins
que par les prosateurs, les poètes étant une expression plus sincère de la pensée générale, les Romains
n'ont point créé de véritable système de philosophie.
La Grande Grèce elle-même influa peu sur leurs
idées et leur civilisation, et ce fut plutôt la curio-
sité, l'amour de la nouveauté, si ardent chez la jeunesse, même romaine, qui avait fait accourir toute
cette jeunesse aux leçons que les députés grecs,
incapables de se taire et de ne point philosopher,
donnèrent à Rome lorsque Athènes les y envoya en
ambassade : et l'académicien Carnéade, et le péri-
patéticien Archélaüs, et le stoïcien Diogène...
Caton le Censeur obtint, il est vrai, qu'on les éloi-
gnât en toute hâte, mais dès ce moment la philosophie avait pris pied à Rome, sauf -- en vertu des

lois de l'adaptation, de la lutte pour l'existence et de l'influence des milieux — à éliminer ou à peu près et Pythagore, et Aristote, et Platon, au bénéfice exclusif de Zénon et d'Epicure.

Encore avons-nous vu par les poètes qu'Epicure l'a de beaucoup emporté sur Zénon, tant le génie romain avait horreur de l'ombre même de la métaphysique. Le Portique ne fait dignement figure qu'avec les grands poètes de la première décadence, et sa doctrine ne sera professée qu'à un point de vue presque entièrement politique ; ce sera le mot d'ordre de l'opposition républicaine contre l'empire, la protestation du libre individualisme contre la commune servitude, le suprême refuge des Romains de vieille roche contre l'envahissement de la cosmopolite corruption.

Ballotté entre deux doctrines exclusives, dont l'une mutilait l'homme et dont l'autre le ravalait, le vieux monde était prêt pour le scepticisme, ce fruit légitime et naturel de civilisation atteinte de caducité.

Aucun poète latin ne semble avoir cru sérieusement à l'immortalité de l'âme, pas plus qu'à la réalité des dieux. Le pénétrant et harmonieux Virgile a pu s'élever au-dessus de son temps jusqu'à la grande âme qui pénètre et féconde toute la matière, mais encore ne songe-t-il point à lui reconnaître une personnalité et encore moins à affirmer la survivance après la mort.

Les vieilles croyances des Italiens, comme celles des Hébreux, excluaient l'idée d'un monde étranger au nôtre dans lequel l'âme irait revivre ou continuer son existence.

Pour les gens cultivés, pour nos poètes, l'âme et le corps, c'était tout un ou peu s'en fallait; pour le vulgaire, l'âme restait sous la terre, tout près des hommes, et continuait à vivre dans les environs de leurs cadavres. La mort ne rompait pas l'union du corps et de l'âme, et l'âme ne se séparait pas dans le tombeau de son compagnon décomposé ou incinéré.

Nous avons pour témoins authentiques de ces antiques idées, les rites funéraires qui leur ont survécu et qui s'expliquent eux-mêmes en nous les expliquant.

Oui, ces rites de la sépulture nous prouvent de toute évidence que lorsqu'on enfermait un cadavre ou des cendres dans une tombe, on croyait en même temps y enfermer quelque chose de vivant.

Le récit des funérailles de Polydore, décrites par Virgile avec la précision, le scrupule, la minutie même qu'il a coutume d'apporter en véritable Romain qu'il est, à la description des cérémonies rituelles, ne se termine-t-il pas par ces mots :

« Nous enfermons l'âme dans le tombeau. »

> Ergo instauramus Polydoro funus et ingens
> Aggeritur tumulo tellus. stant Manibus arae,
> Caeruleis moestae vittis atraque cupresso :
> Et circum Iliades crinem de more solutae.
> Inferimus tepido spumantia cymbia lacte,
> Sanguinis et sacri pateras. *animamque sepulcro*
> *Condimus*, et magna supremum voce ciemus.
>
> (*Æneid*. III, 62.)

Pour Polydore, son corps n'était point retrouvé; on lui éleva un cénotaphe, ce qui arrivait pour les morts qu'on voulait honorer et dont on n'avait pas les restes. A défaut de ce corps, on pensait pouvoir enfermer et honorer l'âme dans le tombeau que l'on dressait. On reproduisait dans cette circonstance tous les rites et toutes les cérémonies de la sépulture ordinaire.

Ovide et les autres emploient le même langage,

> Romulus ut tumulo fraternas condidit umbras. . .   —
>
> Fastes, V, 451.

non que ce langage fût l'expression adéquate de la pensée de ces écrivains éclairés, mais parce qu'il représentait les vieilles croyances survivant en réalité dans les imaginations populaires et d'une manière générale dans le langage.

De même, quand la cérémonie funèbre était terminée, on appelait trois fois le trépassé par son nom ; on lui souhaitait une bonne existence souterraine : « Porte-toi bien, lui disait-on par trois fois, et l'on ajoutait : Que la terre te soit légère. »   —

Di, majorum umbris tenuem et sine pondere terram
Spirantesque crocos. et in urna perpetuum ver,
Qui praeceptorem sancti voluere parentis
Esse loco !   (Juvénal. *Sat.* VII, 207).

Sit tibi terra levis, mulier dignissima vita,
   Quaeque tuis olim perfruerere bonis !
                         (Pétron. fragm. XXXVI).

On emploie encore de nos jours cette expression dans mainte funéraille, quoiqu'elle n'ait plus pour nous aucun sens. C'est ainsi que nous écrivons encore volontiers sur les tombeaux : « Ici repose », quoique personne n'ait l'idée, ou à peu près personne, qu'un être immortel repose dans un tombeau.

Chez les Romains primitifs, au contraire, comme chez la plupart des anciens, comme de nos jours dans le Dahomey et chez d'autres peuples, on croyait si bien que l'homme enterré vivait encore qu'on versait du vin sur sa tombe pour le désaltérer. qu'on y plaçait des aliments pour le nourrir, qu'on plaçait auprès de lui des vases, des habits, des armes, qu'on égorgeait des esclaves pour le servir, ainsi que des chevaux, des bœufs et autres animaux domestiques.

Les Chinois économes, plus pratiques encore que les Romains, s'en tirent avec des simulacres en papier.

XX

Hiver et printemps.

Comme la poésie, d'une manière ou de l'autre, ne
vit que d'idéal, elle ne saurait procéder du scepticisme, qui se doit contenter de la prose, et dont les
productions, à ce point de vue, s'écartent nécessairement de notre travail. Dans cette société où l'on
s'était mis à dédaigner l'idiome latin, où le stoïcisme
s'exprimait en langage grec par la plume de l'esclave Epictète et de l'empereur Marc-Aurèle, c'est
bien loin de la poésie latine, c'est dans la savante
prose, dans la fine langue grecque de Lucien, que
nous trouvons le tableau de la pensée humaine du
temps, et que nous apprenons, par ce scepticisme
hardi, dévergondé, mais singulièrement subtil, quelle
était la pensée moyenne, la doctrine véritable de
l'empire romain. Nous n'avons pas à examiner ici
ces productions qui, tout élégantes qu'elles soient,

nous échappent absolument, comme n'étant ni poétiques, ni latines.

Certes nous sommes bien loin, à d'autres points de vue, de les mépriser ; l'empirisme et le dogmatisme trouvent dans le scepticisme leur antidote légitime et salutaire ; il n'appartient point aux philosophes de s'indigner contre une des catégories quelconques de l'entendement, contre la manifestation d'un sentiment qui trouve sa raison d'être et sa légitimité dans son existence même.

Le vautour et le corbeau sont des bêtes peu sympathiques, et cependant elle doivent compter parmi les plus nécessaires. Lorsque la criminelle folie des hommes les a précipités les uns contre les autres en bataillons serrés ; lorsqu'ils sont parvenus, utilisant les sciences et les facultés qu'ils ont reçues de la nature et de la civilisation pour se connaître et s'aimer mieux, pour se soulager et s'entr'aider les uns les autres, à s'entre-tuer au contraire, à faucher par milliers ceux de leurs semblables qui commettent le crime d'habiter au-delà de quelque colline ou de quelque ruisseau limitant ce qu'ils appellent des patries ; lorsque ces champs, si soigneusement ensemencés, ont été foulés sous les pieds des combattants et que les épis brisés sont recouverts d'une affreuse et sanglante moisson humaine ; lorsque ces terres préparées pour l'existence de l'homme en sont devenues l'infection, et que la vieille terre, tout épanouie pour la joie et la santé de ses enfants n'est plus qu'un charnier fétide et monstrueux où tant de nobles jeunes gens qui ne demandaient qu'à vivre sont devenus, par leurs cadavres décomposés, une hideuse menace, un effroyable danger pour ceux qui survivent; alors viennent, voraces et libérateurs, odieux mais indispensables, les pirates de l'air, les sinistres carnassiers. Quelle que soit leur taille, quelle que soit leur espèce, quelque horreur qu'ils inspirent, ils réparent selon leur puissance, les fautes, les crimes, les férocités de l'homme. Ils se nourrissent de cadavres, mais ils assainissent l'air.

De même, dans le champ de la pensée humaine, lorsque les vieilles philosophies, vaincues les unes par les autres, anéanties par les progrès des sciences et des idées, gisent, cadavres encombrants et malsains, menaçant la salubrité de l'esprit, s'imposant aux générations nouvelles du sein même de leur putréfaction, les sceptiques arrivent de toutes parts; vautours et corbeaux de la pensée, qui, de leurs becs divers, s'acharnant sur ces immondes trépassés, font rapidement place nette, purifient l'atmosphère et préparent tout pour de nouveaux ensemencements et de nouvelles constructions.

Si donc nous croyons que notre situation actuelle ressemble à s'y méprendre à celle de l'empire romain sur son déclin, si nous voyons notre poésie tomber de chute en chute jusqu'au point où elle se trouve aujourd'hui, si nous avons de beaucoup passé l'époque où des Perse et des Juvénal se pouvaient indigner encore, si les derniers des vrais poètes français de ce siècle ont disparu, après avoir jeté un éclat rapide et comme furtif, semblable aux dernières ardeurs d'un flambeau qui va s'éteindre, ou comme le subit éclair des nuits d'orage, qui semble n'apparaître que pour accroître les mortelles horreurs des ténèbres et pour rendre l'ombre plus épaisse encore, nous sommes cependant rempli d'espérance pour l'avenir, non seulement de l'humanité mais encore de la poésie, et de la philosophie, sa sœur. — Quel que puisse être le monde nouveau et quelque mélancolie que nous éprouvions en assistant à la chute du vieux monde dont nous faisons nous-même partie, c'est par une affirmation de sincère, de profonde, de légitime espérance que nous terminons ce travail.

La poésie romaine, la romaine civilisation ont fait place à des civilisations, à des poésies qui les ont bien surpassées en grandeur. L'esclavage a été aboli dans le domaine de la pensée comme dans celui des faits ; aucune des grandes idées, aucune des véritables poésies du vieux monde n'a été distraite de l'héritage du monde nouveau. L'humanité a ses saisons comme la nature, et, pour que

le printemps reparaisse, il nous faut subir les dures, mais nécessaires sévérités de l'hiver. Comme
les prés et les bois, l'humanité saura refleurir, et
trouvera toujours ses philosophes révélateurs et ses
fortifiants poètes. Nous pouvons donc nous abandonner, nous, nos idées, notre société, en toute confiance, aux lois de la décomposition et de la recomposition des êtres et des choses.

L'anarchie apparente et relative ne doit point nous
faire perdre de vue l'ordre réel et définitif, et nous
répéterons, après bien des années écoulées, ce que
nous disions sur un sujet bien différent [1] :

« Au-dessus du désordre plane l'ordre ; dans les
plus affreuses tempêtes, les cyclones les plus destructeurs, l'esprit humain entrevoit et la science
humaine découvre la plus puissante, la plus inaltérable harmonie, et nul esprit religieux ou simplement
observateur ne peut s'empêcher de répéter avec
Janssen, parlant des cataclysmes météoriques :
« Leur formidable apparition fait trembler la terre
et remplit d'effroi le cœur de l'homme. C'est pour
lui, cependant, qu'au milieu de ces bouleversements l'Amour veille et la Providence agit. »

---

[1] *Etude historique et critique sur le transformisme et les
théories qui s'y rattachent.* Paris, 1876, p. 65.

ERRATUM

P. 17 : lisez « choros », au lieu de *ebrios*. — P. 52 : « rhetori-
coteros », au lieu de *rhetoricos*. — P. 53 : après « omnibus »,
lisez « omnes ». — P. 66 : « suaveis », au lieu de *sitaveris*. —
P. 67 : « artus », au lieu de *œstas*. — P. 84 : « vires », au lieu
de *viros*. — P. 97 : « præcordiis », au lieu de *præcordibus*, etc.

TABLE DES MATIÈRES